Esto es ser Mexiquense

Rogelio Salas Melchor

DEDICATORIA

Al Pueblo Mexiquense

CONTENIDO

ÍNDICE

CAPÍTULO I
LA CULTURA Y EL COLECTIVO SOCIAL MEXIQUENSE

CAPÍTULO II
LOS TITANES MEXIQUENSES Y SU BIOSFERA

CAPÍTULO III
LA ECONOMÌA MEXIQUENSE

CAPÍTULO IV
LOS ENEMIGOS DE LOS MEXIQUENSES

CAPÍTULO V
EL DEVENIR MEXIQUENSE

LAS CICATRICES DEL PASADO, LOS SUEÑOS DEL FUTURO

En el corazón de México, donde los contrastes danzan entre la luz y la oscuridad, surge una entidad federativa rebosante de surrealistas matices: el Estado Mexiquense. Una entidad capaz de sumergirnos en sus abismos abisales y elevarnos a las alturas ilimitadas de lo desconocido.

Cuán longeva historia, cuán espléndida y fascinante civilización atesoran las grandiosas tierras mexiquenses que suenan entre los tules y el canto de sus zorzales y pinzones, donde cada persona ordinaria tiene la oportunidad de realizar contribuciones extraordinarias. Donde vemos el desarrollo y la evolución como un derecho de todas las entidades.

Nuestros intereses soberanos, así como la libertad, solidaridad y empatía, son cualidades inherentes del multiétnico pueblo mexiquense, es lo que constituye las raíces de nuestra confianza y fortaleza.

Nuestro pueblo posee objetivos de gran alcance que van encaminados al bienestar colectivo, a la construcción de un futuro compartido, a la continuidad de la libertad y la soberanía.

Es en esta tierra donde se entretejen los hilos de una realidad compleja y vibrante, donde el colectivo social y su cultura ancestral son la columna vertebral que sustenta su identidad. Este territorio, cuna de titanes en su biosfera y motor de una economía poderosa, es también el escenario donde acechan enemigos invisibles, que amenazan la vida y la integridad de quienes lo habitan. El presente ensayo se adentra en los recovecos más oscuros y fascinantes de esta inmensa región, explorando sus luces y sombras, sus mitos y realidades, sus cicatrices y sueños, para descubrir el alma palpable de un estado que se debate entre la grandeza y la vulnerabilidad.

Sean todos bienvenidos a explorar el Estado de México y la complejidad de sus cielos y abismos, mientras desentrañamos la esencia de ser mexiquense en un lienzo de contradicciones.

Carnaval San Francisco Tlalcilalcalpan

CAPÍTULO I
LA CULTURA Y EL COLECTIVO SOCIAL MEXIQUENSE

Los pueblos indígenas y el racismo

El Estado Mexiquense, cuna de las prosperas y avanzadas civilizaciones de los Toltecas, Chichimecas, Otomíes y Mexicas, imperios que reinaron durante miles de años, es una surrealista y enigmática región donde sus habitantes no dudan en sorprender a todo aquel que llega de visita. Lugar donde se difumina la línea entre la magia y la realidad.

A través de este ensayo se pretende desmontar los secretos de los mexiquenses, desvelando sus más escondidos rincones y sombras, entre sus antiguas tradiciones y sus modernas metas.

En el centro sur de la República Mexicana, se encuentra esta entidad federativa, cuyo tamaño geográfico se compararía a países como Israel o Eslovenia, y va en camino a ser una de las grandes potencias de todo el continente y el mundo. Aunque en el Estado de México, un territorio de prepotentes oligarquías y anhelados sueños, la lucha por la libertad y el estado de derecho continúa siendo un trabajo inconcluso.

Hoy en día, el Estado Mexiquense es una de las regiones más importantes del país en términos económicos, culturales y políticos. Es el hogar de una gran variedad de sectores industriales, incluyendo la manufactura, la construcción, la agricultura, la minería y el turismo. La capital del estado, Toluca, es un importante centro financiero y comercial, mientras que la Ciudad de México, que forma parte del área metropolitana, es uno de los centros culturales y turísticos más importantes del mundo.

El Estado de México también es conocido por su rica cultura y patrimonio histórico. Dicha región es el hogar de numerosas tradiciones y costumbres únicas, como la celebración del Día de los Muertos, que atrae a miles de visitantes cada año.

Sin embargo, a pesar de su riqueza cultural y económica, el Estado de México también enfrenta múltiples desafíos, incluyendo la pobreza, la desigualdad y la delincuencia. Además, este territorio ha sufrido en los últimos años por la crisis ambiental, con la contaminación del aire y el agua siendo un problema sumamente relevante.

A pesar de estos retos, el Estado de México sigue siendo una región vibrante y llena de oportunidades. Con una población joven, dinámica, una economía diversa y una rica cultura y patrimonio histórico, el Estado tiene un gran potencial para seguir creciendo y prosperando en los próximos años. Con la ayuda de políticas y programas efectivos que aborden los desafíos existentes, el Estado de México puede convertirse en uno de los lugares más prósperos y atractivos del orbe.

No obstante, le sobran asuntos pendientes que trabajar como la cuestión de los pueblos indígenas y sus derechos. Nuestras raíces históricas como mexiquenses provienen en gran medida de los pueblos originarios, de sus usos y costumbres, cultura y tradiciones, que conforman nuestro patrimonio material e inmaterial de la identidad mexiquense.

AMLO, presidente de México

Mediante la información estadística de censos oficiales, conteos y encuestas intercensales del Instituto Nacional de Estadística de Geografía (INEGI), y del Consejo Nacional de Población (CONAPO), se ha observado un continuo descenso de la población que se autoidentican como indígenas; esto se debe, entre otros factores, a la urbanización y globalización de la vida, la migración, el crimen organizado y la falta de políticas públicas que permitan conservar su forma de vida. Lo que ha provocado un paulatino abandono de su organización y tradiciones, situación que lleva a plantear la necesidad de impulsar programas y acciones en favor de la preservación y fortalecimiento de los pueblos indígenas, tales como la Mazahua, la Otomí, la Nahua, la Matlatzinca, los Tlahuicas (Consejo Estatal Mexiquense), etc.

Son cerca de medio millón de personas los hablantes de alguna lengua indígena. El valle de Chalco Solidaridad cuenta con la mayor diversidad lingüística y étnica del país, entre zapotecos, mixtecos, purépechas, mazatecos y tlapanecos.

Debido al inmenso bagaje cultural, idiomático y alimentario de las comunidades indígenas, puede complicarse su inclusión social en las actuales urbes, por lo que se vuelve necesario facilitar dicha inclusión para evitar el desplazamiento y aislamiento. Aquello puede realizarse llevando a cabo diversas acciones, tales como el reconocimiento de sus tradiciones, la consciencia de su dimensión colectiva, y cosa muy importante, fomentar su documentación oficial, es decir, que posean los documentos que les permitan identificarse de forma oficial ante las instituciones públicas, que tengan la oportunidad que ser registrados con sus actas de nacimiento o matrimonio, que puedan tener comprobante de domicilio, una clave única de registro de población, entre otros documentos. Ya que es documentación que les permitirá abrir sus canales de oportunidad para el trabajo, transporte, así como acceso al sistema de salud.

Fomentar acciones y prácticas que permitan a las comunidades indígenas vivir entre las urbes, es vital para una convivencia sana, solidaria, productiva y de derechos humanos. Pero, sobre todo, la inclusión de los grupos más marginados fomenta la erradicación del racismo. Porque en México existe un racismo estructural que ocurre a diario y que urge atender. Muchas veces el racism y el clasismo estan tan normalizados, que pueden pasar desapercibidos. Suele creerse que el racismo únicamente se da contra las personas afrodescendientes, pero no nos damos cuenta de que también sucede hacia los indígenas, los inmigrantes, o personas de tez morena. Hoy por hoy, el tono de piel y los orígenes, resultan ser un factor determinante para avanzar dentro del sistema educativo, laboral y estructural. El racismo enmarca a un grupo de personas con ciertas características físicas a un lugar delimitado, negándoles la posibilidad de cambiarse de estrato, ya que se piensa que aquel sitio les resulta ser natural o circunstancial. Esta es la idea que ha sido instalada en nuestro pensamiento como mexicanos, cosa deberíamos haber ya extirpado de nuestra consciencia colectiva desde hace tiempo. Pero que no se ha desinstalado porque la estructura colectiva en la que vivimos y morimos, nos exhorta a generar el rechazo a partir de los rasgos culturales, físicos, y lingüísticos (TV UNAM, 2021).

El investigador César Carrillo, nos ha explicado en su obra "El racismo en México", que el racismo perdura continuamente porque existen imágenes construidas del indígena como un ente inferior. Además, este racismo se ha expandido fundamentalmente a través de los medios masivos de comunicación, donde se excluye a quienes no son blancos o ricos (Trueba, 2009).

Frases como "mejorar la raza", "trabajar como negro", "pinche indio", entre otras, son los sesgos que aún tenemos y que no hace más que volvernos patéticos y ridículos a quienes alguna vez las hemos dicho. No permitamos más la discriminación estructural que nos han impuesto, rechacémosla. Condenemos todo tipo de clasismo y de brecha elitista que separe a uno de otros por su condición social, económica, racial, de credo, por su condición física o preferencias sexuales. Hagamos un llamado a la reflexión para evitar la discriminación en todos y cada uno de los circulos sociales en los que vivamos.

Mexiquenses históricos

Como colectivo social, los mexiquenses han entregado al mundo personajes de una gran envergadura, quienes nos dan, no solo orgullo nacional, sino mundial. Atletas olímpicos como la medallista en halterofilia Soraya Jiménez, originaria de Naucalpan, quien se ha convertido en un símbolo nacional del fisicoculturismo y las pesas. Así como Fernando Platas, clavadista también de Naucalpan. O Belem Guerrero Méndez, medallista olímpica del ciclismo, quien salió de Nezahualcóyotl. Sin olvidar claro, el equipo de futbol de Toluca, cuyo estadio Nemesio Diez es una maravilla de la arquitectura mexiquense. Al igual que la arena de lucha libre profesional Arena Mamá Lucha.

Estadio Nemesio Diez

Dentro del invaluable bagaje cultural mexiquense, cabe reconocer a los increíbles pintores como Luis Nishizawa Flores, uno de los grandes maestros del muralismo que logró aplicar exquisitas técnicas de abstracción en su obra expresionista. Dentro de la escritura, Nezahualcóyotl y Sor Juana Inés de la Cruz, son dos gigantes de la literatura universal en México, ambos nacidos en esta entidad y principales íconos de la belleza en las letras. El erudito Ángel María Garibay nacido en Toluca, quien fue un experto en la filología y las culturas prehispánicas. Así como el científico novohispano José Antonio Alzate, un ingenioso botánico originario de Ozumba.

José María Velasco Gómez, temascalcinguense que solía pintar bellísimos paisajes de la geografía mexicana. Las esculturas de Charlotte Yazbek se encuentran exhibidas permanentemente en el Parque de las Esculturas, ubicado en Cuautitlán Izcalli. En agosto de 2022, se hizo popular un trabajo de pintura hecho por los habitantes de la colonia San Carlos Cantera, en las favelas de Ecatepec de Morelos. Para la obra artística, se logró capturar el rostro del "Doctor Simi", un famoso personaje de la cultura popular mexicana, perteneciente a las farmacias similares creadas por Víctor González Torres. Es sencillamente genial ver desde lejos el enorme e imponente Simi pintado en decenas de casas. Saber que se puede mirar mejor en la autopista México-Pachuca y desde la Avenida Carlos Hank Gonzales.

Simicerro Ecatepec

Por otra parte, el acervo cultural del Estado de México llega a la danza, un arte milenario entre nuestras culturas, como la Danza de los Viejos de Corpus en Temascalcingo, la Danza de los Santiagueros en Zumpango, la Danza de los Chinelos en Malinalco. La Contradanza de las Varas en Tequixquiac, la Danza de los Concheros en Amecameca, o la Danza de los Arrieros en Ocoyoacac. Es una barbaridad lo universalmente diverso que resulta ser la danza mexiquense.

En cuanto a sus instituciones educativas, cabe resaltar la Universidad Autónoma del Estado de México en Toluca; los CONALEP, cuna de grandes investigadores científicos mexicanos; la Universidad Autónoma de Chapingo en el municipio de Texcoco; las Facultades de Estudios Superiores de la UNAM, como Fes Aragón, Acatlán, Cuautitlán, e Iztacala.

Personalmente encuentro como una de las mejores actividades del Estado de México, la feria de la pirotecnia en Tultepec, festival que se ha vuelto un símbolo de la riqueza cultural del Estado y su gente, quienes han mantenido viva la tradición de la pirotecnia artesanal a pesar de la industrialización. El festival muestra el increíble arte y la artesanía involucrados en la creación de castillos y toros pirotécnicos, que son una parte integral de la cultura y la tradición mexicana. Sin embargo, la festividad no está exenta de desafíos. Tultepec ha experimentado numerosos accidentes y explosiones relacionados con la producción pirotécnica, que han resultado en decenas de heridos y muertos. Los riesgos y peligros de trabajar con pirotecnia son elevados, y es importante tomar precauciones para evitar los graves accidentes ocurridos en esta región. Es primordial reconocer los peligros asociados con la industria pirotécnica, así como su potencial de crecimiento y prosperidad con políticas y programas efectivos. Al promover la seguridad e invertir en prácticas sostenibles, la ciudadanía puede continuar celebrando su patrimonio cultural y al mismo tiempo garantizar el bienestar de sus habitantes.

Piromusicales Tultepec

A pesar de los riesgos, la industria pirotécnica contribuye significativamente a la economía estatal ofreciendo oportunidades de empleo para muchas personas. Entre Almoloya de Juárez, Texcoco, Aculco y Zumpango, se benefician a más de 40,000 familias directa o indirectamente. Solo Tultepec se acredita casi la mitad de la producción total de fuegos artificiales en México, siendo la capital pirotécnica por excelencia de nuestro país. La Feria Nacional de la Pirotecnia es un evento complejo y multifacético que destaca tanto la riqueza cultural como los desafíos económicos del estado mexiquense (Feria Internacional de la Pirotecnia, 2024).

Otras atracciones turísticas que caracterizan a la entidad mexiquense son las Piñatas de Acolman, la Feria del Caballo de Texcoco, el Carnaval San Andrés Cuexcontitlán, el Festival de San Marcos Yachihuacaltepec, el Paseo anual San Lucas Tepemajalco, el Carnaval de San Francisco Tlalcilalcalpan, entre otros, resultan ser inverosímiles, bizarras e increíbles festividades que nunca mueren, y que representan soberanamente la esencia de ser mexiquense.

Cabe destacar también los Acueductos del Padre Tembleque, el fascinante Cosmovitral de Toluca y las Torres Bicentenario que son una verdadera maravilla de la arquitectura mexiquense.

Torres Bicentenario

Hablando de riqueza cultural, cabe resaltar los Pueblos Mágicos que poseen los mexiquenses dentro de su territorio:

Pueblos Mágicos y Zonas protegidas:

1.   Valle de Bravo
2.   Aculco
3.   El oro
4.   San Juan Teotihuacán
5.   Villa del Carbón
6.   Tepotzotlán
7.   Ixtapan de la Sal
8.   Metepec
9.   Malinalco
10.   Tonatico

Sin olvidar por supuesto, el inmenso acervo cultural que posee el Estado, con sus **zonas arqueológicas:**

1.   El Parque la Marquesa
2.   Santuario de Chalma
3.   Centro ceremonial Otomí en Temoaya
4.   Las Pirámides de Teotihuacán. El lugar donde los hombres se vuelven dioses.
5.   Teotenango en Malinalco
6.   Calixtlahuaca en Toluca
7.   Santa Cecilia Acatitlán, Tlalnepantla de Baz.

Temoaya

Zonas Protegidas

1.   Parque Estatal Sierra de Guadalupe
2.   Parque Estatal Sierra Hermosa
3.   Parque Estatal Sierra de Tepotzotlán
4.   Parque Estatal Sierra Patlachique
5.   Parque Estatal Cerro Gordo
6.   Parque Ecológico Melchor Ocampo
7.   Parque Ecológico Ehécatl (Jardín Botánico)
8.   Parque Ambiental Bicentenario

9.	Parque Metropolitano Bicentenario
10.	Parque Urbano Las Sequoias
11.	Bioparque Estrella en Jilotepec, Safari de animales y especies protegidas
12.	Zoológico de Zacango en Calimaya

Teotihuacán

Como mexicanos y mexiquenses, somos de un temperamento fuerte como lo somos de un carácter pluricultural y multiétnico. Tenemos muy claro de dónde venimos y hacia donde vamos, somos incansables a la hora de construir los caminos necesarios para continuar siendo una potencia política y económica regional. No claudicamos a la hora de presentar proyectos que permitan un Estado para todos, y no solo para unos pocos.

A diferencia de muchos regios que, con su arraigado apego a los norteamericanos, se sienten más orgullosos de ser regios, antes que de ser mexicanos. En cambio, aquí en el centro, y de manera irreductible, los chilangos y los mexiquenses nos sabemos mexicanos antes que cualquier otra cosa.

Es brutal la dimensión con la que se puede abordar la cultura y colectivo social del Estado de México. Sus mas de 17 millones de habitantes, entre afromexicanos, caucásicos, personas con discapacidad, así como aquellos con trastornos mentales. Sus habitantes vivimos en un paraíso al que todos son bienvenidos, excepto los hampones.

Nevadas Edomex

Cambio generacional

Después de casi un siglo con un gobierno rapaz, inepto, ineficiente, cleptómano, corrupto e impune, en el 2023, los ciudadanos optamos por la alternancia, dando lugar al partido Movimiento de Regeneración Nacional (MORENA), creado por el héroe nacional Andrés Manuel López Obrador. Un partido en quien hemos depositado la confianza para la reestructuración del gobierno y el bienestar de la población. Decir que también es un orgullo pertenecer a esas generaciones que votamos por el cambio, que pusimos un "hasta aquí" al robadero del priismo y el grupo Atlacomulco. Más aún por el hecho de votar por una mujer gobernadora, lo que nunca había sucedido en nuestra entidad federativa.

La maestra Delfina Gómez no la tendrá fácil como nueva gobernadora, pues deberá enfrentar a todos los enemigos que hacen daño al Estado Libre y Soberano de México. A ver si el crimen organizado no la hacen guaje.

No obstante, existen muchos cambios y áreas de oportunidad que puede tomar la gobernadora. Uno de ellos es la purga política, extirpar a los funcionarios públicos que, en vez de servir al pueblo, se sirven de él. Otro cambio sustancial es la reestructura de la policía estatal y su jerarquía operativa, la cual debe reformarse para evitar la corrupción, los abusos de autoridad y su relación con el crimen organizado. Aumentar el número de policías es vital, porque no se puede hablar de 30 mil elementos de seguridad pública que protejan a los 17 millones de habitantes que vivimos en la Entidad. Realmente deberían haber más de 68 mil integrantes de policía preventiva para el Estado de México, considerando a 4 policías por cada 1,000 habitantes. Si descontáramos los exorbitados e incoherentes salarios del Poder Judicial, el Poder

Legislativo, y los Ayuntamientos Municipales, seguramente sería posible tener más elementos de seguridad pública bien pagados y con todos sus derechos laborales.

La maestra Delfina Gómez también debe tomar cartas en el asunto sobre el ineficaz Instituto Electoral del Estado de México, y sus corruptelas en los procedimientos electorales. La democracia está en peligro desde el momento en que el Estado no es capaz de entregarle una credencial para votar a toda la población que habita su territorio. ¿Cómo es posible que solo este registrado la tercera parte de todo el potencial electorado, cuando los servidores públicos solo se dedican a hacer espectáculo mediático en sus campañas electorales? Mierda, pero ¿Qué ha pasado con los candidatos de antes que hasta eran asesinados en plena campaña por sus certeras propuestas políticas? El día de hoy los candidatos han cambiado, antes nos ofrecían seguridad, empleos, y educación, puras mentiras; pero hoy ya ni eso ofrecen, ahora solo ofrecen bailes, música, y espectáculo.

Algo que siempre me ha parecido un absurdo total, y que además es un símbolo del machismo, la misoginia y el nepotismo, es la dirección de los Sistemas para el Desarrollo Integral de la Familia (SDIF). ¿Por qué debe ser dirigido por las esposas de los gobernantes? ¿Cómo es que, por el simple hecho de estar casada con el señor gobernador, "la primera dama" es quien recibe el cargo de la dirección del DIF? ¿Es acaso que recibe el nombramiento por estar casada o por ser mujer? Porque en cualquiera de los casos, nunca se habla de aptitudes, capacidades y competencias, para dirigir uno de los elementos más importantes de un Estado, que es la protección de niñas, niños, adolescentes, mujeres, personas con discapacidad, migrantes, indígenas, adultos mayores, personas que enfrentan alguna situación de desigualdad, discriminación o vulnerabilidad, y que deberían garantizar el ejercicio pleno de sus derechos. El cargo de presidentes del DIF no debería darse por nepotismo ni mucho menos por razón de género, sino que debería entregarse en función de la experiencia en asuntos del Desarrollo Integral de la Familia, en función de las capacidades operativas y los buenos resultados que hayan entregado los candidatos que se postulen voluntariamente a la vacante. Por si fuera poco, ¿qué tontería es esa de "primera dama"? Porque la Constitución Federal es muy clara en su artículo 12 que estipula "En los Estados Unidos Mexicanos no se concederán títulos de nobleza, ni prerrogativas y honores hereditarios, ni se dará efecto alguno a los otorgados por cualquier otro país". La sandez de la primera dama, es un título que se otorga para poner a una persona encima de otra, por el simple hecho de poseer un estandarte. Es un símbolo más de la desigualdad y el clasismo que ha imperado durante mucho tiempo en nuestros colectivos sociales y que necesitamos abolir. En México no queremos que haya mujeres de primera ni de segunda. Lo que queremos es que todas y cada una de las mujeres, niñas y adolescentes, tengan y ejerzan los mismos derechos que de facto les pertenecen.

Nevado de Toluca

CAPÍTULO II
LOS TITANTES MEXIQUENSES Y SU BIOSFERA

Tierra de todos

Nuestro territorio es inmensamente rico en biodiversidad, con su gran variedad de especies de flora y fauna que habitan en sus bosques, montañas, ríos y lagos. Entre las especies que más destacan son el jaguar, el águila real, el zopilote rey, el ajolote, la trucha mexicana y la mariposa monarca. Pero es triste que muchas de estas especies se encuentran en peligro de extinción debido a la degradación ambiental, la caza furtiva y la pérdida de su hábitat.

Para proteger dicha biodiversidad es fundamental implementar políticas y acciones que fomenten la conservación y el cuidado de la biósfera. Una de las principales medidas a tomar es la implementación de reservas naturales, safaris, espacios donde puedan ser libres las especies tanto las de la flora y fauna, como la nuestra. Más reservas naturales, menos zoológicos.

En el territorio mexiquense el desarrollo urbano podría diseñarse de tal manera que se exhorte al uso mínimo de los automóviles, generando sistemas de movilidad urbana sostenible que disminuyan el tráfico de vehículos y la emisión de contaminantes. Esto se puede alcanzar con el fomento del uso de bicicletas y patines en la movilidad urbana, el mejoramiento del transporte público y la promoción de prácticas de reciclaje desde la educación básica.

Otra medida importante es la recuperación de los ríos y lagos del Estado de México, los cuales actualmente se encuentran altamente degradados y contaminados por la sobreexplotación y la descarga de aguas negras. Para lograr esto, se requiere establecer políticas públicas que impulsen el tratamiento y la disposición adecuada de las aguas residuales, así como la recuperación de los cauces de los ríos y la reforestación de las zonas cercanas a los cuerpos de agua. Quién sabe, quizá un día sea posible utilizar los ríos con trajineras para navegar en ellas.

Además, es vital promover la educación ambiental y la conciencia ciudadana sobre la importancia de la biodiversidad y la necesidad de protegerla. Fomentar la participación de la sociedad en la toma de decisiones sobre el cuidado del medio ambiente, es tan relevante como la implementación de programas de educación y capacitación sobre prácticas ambientales.

La diversidad de especies de flora y fauna del Estado de México es una riqueza natural invaluable que debe ser protegida y conservada por las generaciones presentes y futuras. Lo anterior se consigue con políticas y acciones que fomenten la movilidad urbana sostenible, la recuperación de los ríos y lagos, la educación ambiental y la conciencia ciudadana sobre la importancia de la biodiversidad y el cuidado del medio ambiente.

El Estado de México está repleto de cadenas montañosas como la Sierra Nevada, el Monte de las Cruces, la Sierra de Monte Alto, la de Tetzontlalpan al norte y las Cumbres Occidentales en colindancia con Michoacán. Los mexiquenses poseemos también tres grandes cuencas, el Lerma, el Balsas, y el Pánuco. Cuencas en grave peligro si no las cuidamos, pues el agua tan limitada y valiosa, la hemos desperdiciado como si hubiera a rebosar. En esta pelea contra el derroche de los recursos naturales, se han creado las Zonas Naturales Protegidas, como los parques nacionales de el Desierto del Carmen, Bosencheve, las Lagunas de Zempoala, los Remedios Netzahualcóyotl, el Nevado de Toluca, Zoquiapan, el Sacromonte, Insurgente Miguel Hidalgo y Costilla, la Marquesa, el Molino de las Flores, el Iztaccíhuatl y Popocatépetl (comparte área con Morelos y Puebla) y la Reserva de la Biosfera de la Mariposa Monarca.

Es de suma relevancia conservar los elementos naturales en esta geografía, porque se están acabando.

Eventualmente los mexiquenses nos encontraremos en una crisis hídrica inminente si no cuidamos el Cutzamala y si no evitamos la contaminación con todos nuestros residuos tóxicos industriales, agrícolas y domésticos del río Lerma. No se pasa por alto la ilegal e impune tala de bosques en el Nevado de Toluca, la zona del Izta-Popo, la de Cubio-Cruces, la Subcuenca Valle de Bravo, así como la Reserva de la Biósfera de la Mariposa Monarca, a través de sus Santuarios en La Mesa de la Sierra Campanario; El Capulín en el cerro Pelón; o San Mateo Almomoloa en Piedra Herrada, de Ixtapan del Oro.

¿Dónde están las autoridades que garantizaron proteger los bosques de los rapaces talamontes?

Una acción loable es la que han hecho los pobladores del municipio de Xonacatlán, quienes formaron guardias civiles para proteger los bosques e impedir la tala clandestina que realizan carteles de deforestación y tala de madera. Los habitantes colocan estas guardias con rifles y revólveres en mano, enfrentando las armas de grueso calibre del crimen organizado. Ante la inacción de las autoridades, los ciudadanos están en todo su derecho de hacer uso de la legítima defensa para resguardar sus bienes y su integridad. Ha sido uno de los integrantes del comisariado ejidal de Xonacatlán, quien hizo el llamado a proteger la flora y fauna a como de lugar. Abraham Casas es el nombre de este héroe que estaría dispuesto a dar su vida para proteger los bosques de la devastación humana (El Universal, 2024).

Crisis del agua, tala ilegal, basura y contaminación atmosférica, problemas endémicos mexiquenses que no se resolverán por si mismos, sino que necesitan atención por parte de nosotros como ciudadanos.

Y no es posible dejar a un lado los titanes del Estado de México: el volcán Popocatépetl (5500 m), el Iztaccíhuatl

(5220 m s. n. m.), y el Nevado de Toluca (4680 m s. n. m.). 3 colosos que amenazan la vida mexiquense, pues quizá no se tome mucho en cuenta su peligrosidad, ya que solo tienen fumarolas de vez en cuando, pero no olvidemos que son peligros latentes y que un día, despertaran estos gigantes dormidos arrasando con todo lo que se cruce en su camino, por lo que, como ciudadanos, debemos tener ya protocolos de acción ante estos continuos riegos, porque la pregunta no es si alguna vez estallaran los titanes, sino más bien la pregunta es ¿cuándo lo harán?

Erupción del Popocatépetl

Como territorio mexiquense, se ha luchado tenazmente por preservar la identidad nacional y la magia que emana de sus pueblos. Gracias a que se han conservado biosferas, faunas y floras, arquitecturas, tradiciones milenarias, historia, cultura, y los atributos simbólicos que nos otorgan las cualidades identitarias necesarias para llegar a ser, ha sido posible el rescate de nuestra riqueza cultural, cosa que nos ha permitido poseer Pueblos Mágicos con los que podemos recibir a los extranjeros que busquen conocer un México indomable.

Volcán Xico

Especies endémicas

No es menos importante mencionar la cuestión de las especies endémicas en México. Las grotescas actividades humanas ejercen una peligrosa influencia en la disminución del número de especies, tamaño y variabilidad genética de las poblaciones silvestres, así como en la pérdida irreversible de hábitat y ecosistemas. La reducción del tamaño de las poblaciones silvestres está dada en gran medida por las depredadoras actividades antropogénicas como las actividades legales (caza deportiva) e ilegales (el tráfico de especies amenazadas); destrucción de hábitat causada por diversas actividades productivas; la influencia de compuestos químicos y tecnologías utilizados en la fertilización de suelos, fumigación de cultivos y la construcción de grandes obras de ingeniería; entre otras. Esta poderosa presión que se ejerce sobre los recursos naturales trae consigo amenazas como la erosión, la fragmentación del hábitat, la contaminación del suelo y cuerpos de agua, la introducción de especies exóticas y el comercio ilegal de especies silvestres. Como resultado de dichas presiones, se produce la alteración de los ecosistemas terrestres y acuáticos, con la consecuente reducción poblacional de las especies. La disminución de las poblaciones de flora y fauna puede comprometer su permanencia en los ecosistemas, o bien, provocar su extinción en el corto y mediano plazo. No se puede escatimar en acciones como el control de tala ilegal de madera, incendios forestales, campañas de reforestación y recuperación de suelos, control de descargas de aguas residuales, y vigilancia de áreas naturales protegidas.

Para el presente tópico, invito a recordar las reflexiones del poeta tabasqueño Carlos Pellicer, sobre lo que nos acerca a la vitalidad de la naturaleza, lo que nos une a esa sólida y a la vez acuosa relación con el agua. Idílicos poemas para salvar el árbol de la vida del hombre y su tempestad.

El canto del Usumacinta

Pudrió el tiempo los años que en las selvas pululan.
Yo era un gran árbol tropical.
En mi cabeza tuve pájaros,
sobre mis piernas un jaguar.

Junto a mí tramaba la noche
el complot de la soledad.
Por mi estatura derrumbaba el cielo
la casa grande de la tempestad.

En mí se han amado las fuerzas de origen:
el fuego y el aire, la tierra y el mar.

Y éste es el canto del Usumacinta
que viene de muy allá
y al que acompañan, desde hace siglos, dando la vida,
el Lakantún y el Lakanjá.
Ay, las hermosas palabras,
que sí se van,
que no se irán!

¿En dónde está mi corazón
atravesado por una flecha?
La garza blanca vuela, vuela como una fecha
sobre un campo de concentración.

Porque el árbol de la vida,
sangra.
Y la noche herida,
sangra.
Y el camino de la partida,
sangra.
Y el águila de la caída,
sangra.
Y la ventaja del amanecer, cedida,
sangra.

¿De quién es este cuello ahorcado?
Oíd la gritería a medianoche.
Todo lo que en mí ya solamente palpo
es la sombra que me esconde.

La crisis hídrica

Desde hace ya tiempo, en todo el país se viven severas crisis hídricas causadas principalmente por la deficiente administración del agua. Particularmente en el centro y norte del país, que incluye a la entidad mexiquense, se padece por la falta de agua y su deplorable contaminación por parte de sus habitantes. Este déficit del agua se encuentra ligado en mayor medida, a un mal uso del agua, al crecimiento demográfico, al aumento de demanda del vital líquido, a la contaminación, y a las actividades económicas que privatizan el agua para unas cuantas empresas, afectando a millones de ciudadanos.

Con base en las estadísticas de la CONAGUA (Comisión Nacional del Agua) y al INEGI (Instituto Nacional de Estadística y Geografía), tres cuartas partes del uso del agua a nivel nacional se dan por la agricultura, pues el agua se utiliza para el riego de cultivos; el 14% se ocupa en el abastecimiento público, que es el agua distribuida por medio de las redes de agua potable como domicilios e industrias; otro 5% es utilizada para la industria autoabastecida que son las empresas que toman agua directamente de los ríos, arroyos, lagos y acuíferos del país; el restante 5% es aprovechada por las termoeléctricas para generar electricidad (INEGI, 2024).

En todos y cada uno de los anteriores sectores hay grandes posibilidades para dejar de despilfarrar el agua. Pero siempre es importante empezar por uno mismo. Las personas necesitamos usar menos el agua, pues de la que hay disponible para consumo humano, la mayoría de ella se desperdicia en el inodoro, la regadera, al momento de lavar ropa, la cocina y el lavamanos. Para evitar el uso excesivo de agua en el retrete, podemos configurar el drenaje donde lavamos la ropa, para que esa agua con jabón se dirija al baño. La ropa tampoco debería lavarse cada que se usa sino únicamente cuando esté sucia, ya que muchas veces lavamos ropa que no necesita ser lavada. Asimismo, más personas deberíamos usar mingitorios para la orina y usar el inodoro para defecar. El uso del agua de la regadera podría maximizarse bañándonos en menos de 10 minutos, aprovechando también el agua fría que cae al principio colocando una cubeta para acumularla. Además, muchas personas tenemos la posibilidad de no bañarnos diario, sino cada tercer día, claro, si las circunstancias lo permiten. Cerrar la llave del agua mientras nos cepillamos los dientes, es igual de importante que enjuagar y limpiar la navaja de afeitar en un recipiente y no hacerlo con agua corriente. Necesitamos saber que es perfectamente posible que una persona ocupe en promedio menos de 50 litros de agua al día, en vez de 100.

Cada hogar debería poseer su propio sistema de captación de agua de lluvia como lo hacen en Iztapalapa y Milpa Alta, que ya no necesitan agua de la red, sino que pueden ocupar el agua que cae de los cielos.

No obstante lo anterior, otro de los mayores gastos de agua se da por las grandes empresas, generalmente multinacionales, cuyo uso de agua es el que ocasiona mayor impacto a la escasez, tales como refresqueras, cerveceras, empresas mineras, o más pequeñas como lavacoches y lavanderías, que además de desperdiciar agua la contaminan. Es verdad que quienes usan más agua también son la agricultura y las termoeléctricas, pero estás reciclan los recursos. Las refresqueras, por ejemplo, acaban con los mantos acuíferos sin importarles el reciclaje del agua.

Hay que denunciar este despilfarro de agua, como hay que hacerlo con las presas artificiales ilegales del Estado de México, ya que muchos de estos lagos irregulares también se encuentran en las inmediaciones del Valle de Bravo. Existen decenas de lagos artificiales que han construido inconscientes acaparadores en sus campos de golf y zonas turísticas, situación que debe ser investigada por los tres ordenes de gobierno en México. Los imbéciles que se han robado el agua para concentrarla en su propias localidades no se dan cuenta aún, del grave peligro que implica extraer grandes volúmenes de liquido y que eventualmente terminaran secando las presas de donde proviene dicha agua.

Valle de Bravo. Hoy - Antes

Es importante recordar que la mayoría del agua del centro del país proviene de los bosques occidentales del Estado de México, pues son estos los que han suministrado, a través de las fuentes acuíferas, el mayor volumen de agua que se transporta hacia la Ciudad de México. Pero este transporte de agua implica muchas fugas en su recorrido, por lo que es importante una eficiente estructura y modelado adecuado del flujo de agua subterránea para que no se desperdicie en absurdas fugas de donde drenan millones de litros de agua.

Los mantos se secan, por lo que además de esperar a que los ciclones tropicales los reabastezcan, la ciudadanía tenemos que poner manos a la obra mediante, por ejemplo, pozos de infiltración al subsuelo, pozos de absorción que pueden instalarse en las calles de nuestras comunidades, las cuales sean capaces de captar agua de lluvia y recarguen los mantos acuíferos. Alternativa que también evitaría inundaciones y sobrecarga al drenaje. Es un método que usan en Iztapalapa y les ha funcionado muy bien. No existe razón alguna por la que a los mexiquenses no pueda servirnos también.

Otra alternativa más para mitigar la escasez de agua es

el que propone el Tecnológico Nacional de México, campus Toluca. El cual consiste en la instalación de sistemas para redireccionar la lluvia hacia los mantos freáticos, mediante una red de canales y tuberías en el subsuelo. Estos sistemas han sido desarrollados por el investigador Isaías de la Rosa Gómez, que con su equipo han conseguido la captación de agua de lluvia en los techos, para dirigirla a través de canaletas, hacia el acuífero y no hacia el drenaje. Esta genial idea puede ser escalada a un macroproyecto regional mexiquense, que incentive el continuo aumento de las reservas de agua subterránea por medio de acciones y prácticas de recarga gestionada (Tecnológico Nacional de México, 2023).

Pero claro, no hay que descartar otros innovadores métodos como la lluvia sólida o la desalinización del agua del golfo y pacifico, como lo hacen en Dubái.

Si el agua se acaba, la vida termina. Por ello son imprescindibles acciones inmediatas. La escasez de agua que vivimos los mexiquenses es el resultado de una pésima e ineficiente gestión, de ineficaces regulaciones, una rebasada infraestructura hidráulica, y del derroche de este vital recurso por parte de los ciudadanos. Si no cuidamos el agua, para mitad del siglo XXI seguramente nos habremos quedado sin acceso a este vital líquido (UNAM, s.f.).

Tláloc del Códice Laud

Enjambre de sismos

Debajo de nuestros pies ocurre una compleja y continua dinámica de placas tectónicas que ponen en peligro nuestra vida de manera ininterrumpida. Los temblores a los que estamos acostumbrados como mexicanos suelen manifestarse como susurros sísmicos que apenas nos afectan mientras no aumenten su potencia (Servicio Sismológico Nacional, 2024). Porque sabemos que estos susurros son una forma de alivio de presión y estrés que se acumula en el subsuelo, lo que significa que mientras ocurran estos pequeños temblores, es menos probable que suceda uno catastrófico. Un verdadero mexicano no se asusta por un temblor de menos de 6 grados Richter.

Los enjambres sísmicos no representan un peligro significativo o inminente per se, pero si causan temor entre los habitantes. A pesar de ello, siempre hemos sabido actuar ante fenómenos sismológicos devastadores, y sabremos como actuar cuando vuelvan a ocurrir, que de eso no quepa duda.

CAPÍTULO III
LA ECONOMÍA MEXIQUENSE

La gigantesca industria mexiquense

Con una potente economía que contribuye a la décima parte del producto interno nacional, el poder económico mexiquense equivale a más de media docena de las entidades del país. Gracias a su gente trabajadora y mano de obra altamente calificada, el capital que se produce en este Estado es dirigido a sectores como el agroindustrial, automotriz, minero, textil, productos químicos, investigación científica y turismo. Municipios como Ecatepec, Tultitlán, Cuautitlán Izcalli, Tlalnepantla de Baz y Toluca, generan gran parte de la industria mexiquense acaparando casi la totalidad de los 113 gigantes parques industriales que posee (Secretaría del Desarrollo Económico, 2024).

Al sur del Estado predomina más la agricultura y la ganadería, ya que, debido al desarrollo tecnológico de invernaderos, es posible proveer alimentos no solo a todo el país, sino al mundo entero. El gigantesco comercio de la zona metropolitana y la periferia de la Ciudad de México, generan enormes dividendos a todo aquel que comercia sus productos, sea al por mayor o al por menor. Sin duda alguna, el estado mexiquense se enorgullece de ser uno de los centros industriales más grandes de todo México y América Latina. Pero es de suma relevancia, tener siempre presente la necesidad de trabajar en manufacturas avanzadas a nivel global. La producción de semiconductores y Hardware de Inteligencia Artificial, sera vital en un futuro muy cercano. Sin olvidar, claro esta, poseer mano de obra capacitada para el manejo y análisis de macrodatos, así como de la programación.

El colosal transporte masivo (el vuelo de los aeropuertos, el sistema ferroviario, las telarañas del mexicable)

El vuelo de los aeropuertos

El paradisiaco Estado Mexiquense es destino de millones de personas, por lo que el uso de vías aéreas se vuelve imperante para nuestra actualidad, dado que, durante las últimas décadas, ha habido una continua necesidad de expandir las capacidades aeroportuarias del Estado y el país, así como incrementar el volumen de pasajeros y de carga.

Mejorar la infraestructura y tecnología operativa de los aeropuertos mexiquenses, es una de las tareas por las que se ha trabajado mucho en la entidad, permitiendo una amplia movilidad a través de los cielos. No es poca cosa que los aeropuertos generen la posibilidad de que el país compita con los principales aeropuertos de la región y del mundo, además de crear las condiciones necesarias para que la conectividad aérea contribuya con los beneficios económicos y sociales que producen en nuestra nación. Lo anterior gracias a sus grandes aeropuertos como el Aeropuerto Internacional Felipe Ángeles en Zumpango; el Adolfo López Mateos en Toluca; el Jorge Jiménez Cantú; el Aeródromo del Valle de Bravo; y la Base Aérea Militar NO. 1 de Santa Lucía.

La aviación es un motor sumamente relevante de la economía mexicana y la construcción de sistemas aéreos potencia la conectividad del país, generando mayores ingresos provenientes del transporte de pasajeros y de carga, del aumento del turismo y del fomento a la creación de más empleos relacionados con la industria. Todo ello mediante la creación de fuentes de ingreso y el impulso de la riqueza económica. Además del turismo, el transporte aéreo permite a las empresas mexicanas comercializar sus bienes y servicios en todo el mundo, atrayendo la inversión extranjera. No hay que olvidar que la conectividad aérea es una medida del potencial y la oportunidad económica de una región. Cuanto más conectado esté un país por aire, mayor será su capacidad para capitalizar los beneficios económicos y sociales que el transporte aéreo puede ofrecer.

AIFA

El diseño y construcción de nuevas vías aéreas es una necesidad real, pero también una oportunidad histórica sin igual para favorecer el crecimiento económico, permitir las ventajas colectivas de la aviación y aumentar la competitividad de México frente a los demás países del globo.

El desarrollo de aeropuertos en el Estado de México es una de las aportaciones más importantes hacia el país, la cual trasciende cualquier tipo de contexto político o social. Este es uno de los elementos de unión y un factor de orgullo para los mexicanos, que coloca al país como uno de los principales actores del mundo en materia de infraestructura aeroportuaria y de conectividad aérea (IATA, s.f.).

El Sistema ferroviario

Los mexiquenses somos ciudadanos comprometidos con el medio ambiente, por lo que se ha dado lugar al transporte ferroviario en una entidad que mueve toneladas de mercancías y a millones de personas todos los días. La importancia de las redes ferroviarias mexiquenses radica en la conexión de los centros industriales con los puertos marítimos y los puntos fronterizos al extranjero. Tan importante ha resultado que actualmente se poseen miles de kilómetros en vías férreas a lo largo de toda la entidad, pero es que además, tenemos ya el Tren Suburbano del Valle de México, con sus más de 27 km de longitud recorriendo de Cuautitlán a Buenavista; así como el Tren Interurbano México-Toluca "El Insurgente", que conecta la Zona Metropolitana del Valle de Toluca con el oeste de la Zona Metropolitana del Valle de México (Ferrocarriles Suburbanos, 2024).

El Insurgente

A pesar de que no tenga un apartado especial, no es menos importante el Mexibús Mexiquense como transporte masivo de autobuses articulados, que va desde La Quebrada hasta Las Américas, de Ojo de Agua a Ciudad Azteca, y de Ecatepec a la Ciudad de México, transportando al mes a más de 8 millones de pasajeros, una barbaridad (Milenio Noticias, s.f.).

Las telarañas del mexicable

El sistema de transporte teleférico mexiquense es una potente estructura de transporte masivo, capaz de conectar las zonas aisladas y de difícil acceso en el Estado de México, el cual ha mejorado la movilidad urbana y la reducción de los tiempos de traslado, así como la generación de menos desechos al utilizar energía eléctrica y solar. Las estaciones están posicionadas a lo largo de 4.9 km. Inicia en la vía Morelos, a un costado de Cerro Gordo, recorre el pueblo de Santa Clara, cruza la autopista México - Pachuca y se adentra en la colonia Hank González, donde sigue su recorrido paralelo a la Av. San Andrés, finalizando en la región de La Cañada, una de las zonas más complicadas de acceder debido a su altura y a sus favelas, porque no solo existen las favelas de Brasil, en México también tenemos.

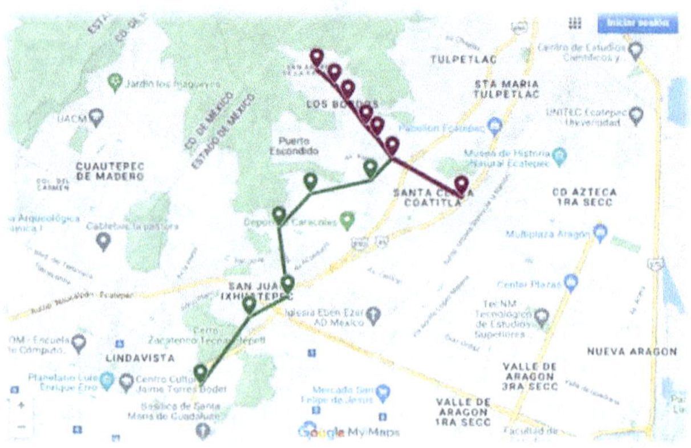

Ruta del Mexicable

Esta singular obra de ingeniería cuenta con 36 postes de línea los cuales alcanzan hasta 35 metros de altura. Su instalación tiene una capacidad máxima de 3,000 usuarios hora-sentido los cuales son transportados de manera ágil, cómoda y segura en sus 185 cabinas, logrando un recorrido en aproximadamente 19 minutos. Las cabinas tienen una capacidad máxima de 10 personas, quienes tienen una vista privilegiada del entorno urbano, el cual ha sido enriquecido con 52 obras de arte realizadas por artistas de talla internacional como Farid Rueda, David Ortiz, Guido Van Helten y Jonh Pugh entre otros. Cabe señalar que el mexicable también busca incentivar mayor uso de la bicicleta, por ello, las estaciones cuentan con áreas habilitadas con aparcabicicletas. El Mexicable tiene conexión directa con el Mexibús línea 4 en dirección Tecámac – Indios Verdes, siendo este último un punto de destino sumamente importante (Secretaría de Movilidad EdoMex, 2024).

El Mexicable fue proyectado para ser un detonante del desarrollo económico y social de la demarcación. Pero más importante aún, fue desarrollado para mejorar la calidad de vida de los más aislados y poseer mayor conectividad.

Como pueblo mexiquense, cada año recibimos a millones de visitantes que buscan extasiarse con nuestras maravillas culturales, de ahí, que poseamos tantas vías de comunicación y transporte para recibirlos en nuestro hogar. Los mexiquenses construimos nuestro futuro a pasos lentos, pero agigantados.

La desigualdad económica

El Estado de México es una de las entidades federativas más desiguales de México, debido a la brecha entre ricos y pobres que se ha vuelto desmedida, lo que genera una serie de problemas sociales y económicos alarmantes. Esta desigualdad se refleja en una serie de indicadores, como falta de acceso a la educación, a la salud, a la vivienda y a una alimentación sana. Los pobres tienen menos oportunidades de acceder a estos bienes y servicios, lo que les limita sus posibilidades de desarrollo.

Existe una serie de factores que contribuyen a dicha desigualdad económica y uno de los principales es la concentración de la riqueza, la cual se debe en gran medida, a la falta de oportunidades para el trabajo, la corrupción, el influyentismo, y la falta de regulación del mercado.

Pobreza extrema mexiquense

Otro factor que contribuye a la desigualdad económica es la informalidad laboral. Según datos del INEGI, en 2022, el 55.3% de la población ocupada del Estado de México trabajaba en la informalidad. Los trabajadores informales tienen menos derechos y beneficios que los trabajadores formales, lo que les limita sus ingresos, su capacidad de ahorro, crédito y acceso a la vivienda. La fiscalización es un elemento muy importante para contrarrestar la desigualdad económica, mientras sea equilibrada, justa y real para todos los que generan ingresos. Esta claro que no es justo que unos paguen más que otros, pero ¿por qué las autoridades fiscalizadoras si tienen las agallas para cobrar impuestos a los vendedores del tianguis, pero no tienen el suficiente valor para cobrarle a los narcotraficantes? Quisiera ver que Hacienda tuviera los pantalones suficientes para notificar y cobrar los créditos, multas, recargos y actualizaciones al crimen organizado. Es una realidad que en México, es más delito ser empresario que ser narco.

Huixquilucan de Degollado

También es menester implementar una serie de políticas públicas que permitan crear más oportunidades para los trabajadores y mejorar sus condiciones laborales. Una de las principales medidas es desarrollar mayores posibilidades para acceder al trabajo. Esto se puede lograr a través de políticas de educación y capacitación, así como de incentivos a la creación de empleo antes de que los jóvenes terminen sus estudios, para que al egresar puedan estar ya teniendo una actividad económica. Es vital impulsar el primer empleo en jóvenes estudiantes, cosa que se puede lograr a través de programas de prácticas profesionales, becas o planes como Jóvenes Construyendo el Futuro (Obrador, 2024).

También es importante que los trabajadores ejerzan sus derechos laborales y que las empresas respeten dichos derechos. Esto es posible mediante de la inspección y vigilancia de las condiciones de trabajo, así como de la capacitación jurídica de los trabajadores en sus derechos y obligaciones laborales.

Además, es necesario que el Estado impulse el desarrollo económico de su población mediante la industria, la producción local y el empleo formal. Importar menos y manufacturar más. Esto se puede lograr por medio de políticas de inversión, especialización y apoyo a las empresas locales. No es todo, también es relevante la inversión en desarrollo tecnológico y científico que genere nuevas herramientas e instrumentos que permitan competir con las tecnologías extranjeras.

Asia es un ejemplo de cómo una region es capaz de reducir la desigualdad económica a través de políticas públicas eficaces. En las últimas décadas, China ha logrado un brutal crecimiento económico sin precedentes, lo que ha llevado a una mejora significativa en las condiciones de vida de su población (CGTN ESPAÑOL, 2024).

Una de las principales políticas que ha contribuido a este éxito es la inversión en educación y capacitación. China ha invertido grandes cantidades de recursos en la educación, lo que ha permitido a millones de personas mejorar sus habilidades y oportunidades laborales. Otra política importante ha sido la promoción de la industria local. China y su liderazgo, han creado una serie de incentivos para las empresas que producen bienes y servicios en el país, lo que origino millones de empleos e impulsado su crecimiento económico. Si que es importante destacar el hecho de que las empresas más grandes de China son propiedad del Estado, por lo que garantizan que el pueblo chino sea siempre el dueño total y absoluto de lo que hace la República Popular China (Armesilla, 2024). Son estas acciones colectivas de las cuales tenemos mucho que aprender, no solo los mexiquenses, sino el mundo entero. El dragón rojo consiguio imponer el bienestar colectivo por encima de los intereses particulares como ningún otro país lo ha logrado. Si China es capitalista o comunista es irrelevante, como decía Deng Xiaoping: "No importa que el gato sea negro o blanco mientras pueda cazar ratones". China como la lección de un coloso.

Xi Jinping, presidente de China

La desigualdad económica es un problema complejo que requiere de soluciones integrales.

Si se implementa esta serie de políticas públicas, es posible reducir la desigualdad económica en el Estado de México, crear más oportunidades y posibilidades para todos y mejorar las condiciones laborales y de vida de la población.

Grutas de la Estrella

La extracción minera

Debo hacer un pequeño paréntesis sobre un asunto económico que atañe a todos por igual, que es el asunto de la minería, no solo en el Estado Mexiquense sino en todo el país. La extracción minera es una de las formas en que los extranjeros siguen saqueando la nación, mientras el gobierno neoliberal que nos gobernó vendió todo aquello que no les pertenecía. Entregaron concesiones a empresas canadienses, estadounidenses y algunas mexicanas, todas sin pagar impuestos, en tanto empobrecen las comunidades donde extraen los minerales y destruyen los ecosistemas, sin mencionar, claro, la explotación laboral que ejercen estas multinacionales, causando un saqueo económico devastador con impacto ecológico irreversible incluido.

Urge una ley minera que recupere la rectoría del Estado Mexicano sobre los recursos minerales e hídricos del subsuelo mexicano, cuya finalidad sea la exploración y aprovechamiento de los recursos exclusivamente del Estado y en beneficio del pueblo; una ley minera que conforme un organismo descentralizado que no genere cargos al erario público, en fin, una ley minera que otorgue soberanía nacional a los mexicanos sobre los recursos naturales de sus territorios.

Darle un giro a las condiciones materiales del mundo, empezando por nuestra localidad. Es de suma importancia deconstruir y comprender las condiciones pasadas que nos limitan y condicionan, para poder construir nuevas circunstancias y posiciones que permitan una vida digna y humana. Si bien, en el capitaloceno, la acción humana se ha basado en procesos de colonialismo digital, tecnocracias, globalización, acumulación de capital, racismo y edipificación, nosotros tenemos que proponer alternativas, tales como la democratización de las fuentes de ingreso, el uso mínimo de recursos naturales, el humanism colectivo y la creación de tecnologías que posibiliten una vida mejor para todos.

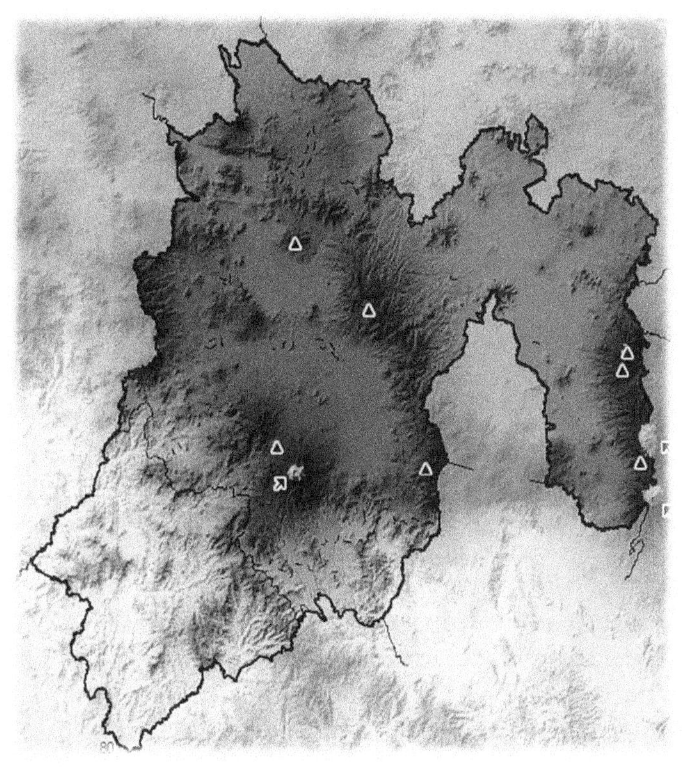

CAPÍTULO IV
LOS ENEMIGOS DE LOS MEXIQUENSES

Las cleptómanas oligarquías del grupo Atlacomulco

No obstante, las maravillas de nuestra entidad también son ensombrecidas por los enemigos que nos acechan y los peligros que corremos los mexiquenses. El Estado Mexiquense posee un gobierno democrático e impulso poscapitalista, con instituciones y organismos públicos, privados, públicos, académicos, sociales y civiles, que podrian funcionar mucho major. Pero durante décadas, la entidad había sido dominada por las hambreadas oligarquías que llevaron al Estado a un oscuro abismo de violencia, pobreza y desigualdad. El grupo Atlacomulco, hoy a penas vivo, genero una severa crisis de seguridad publica y violencia, atisbado de feminicidios, extorsión, homicidios dolosos y delincuencia organizada.

La historia conocida del grupo Atlacomulco toma relevancia desde el gobernador Isidro Favela, el primero en tomar la gubernatura del Estado de México, sin elecciones e impuesto por el Congreso Local, dando lugar al inicio de la dictadura perfecta, con los fatídicos Del Mazo, Carlos Hank González, Emilio Chuayffet Chemor, Arturo Montiel, Enrique Peña Nieto, Eruviel Ávila Villegas, y Alfredo del Mazo Maza, aquel que perdió la joya de la corona del Partido Revolucionario Institucional, una institución en pleno declive y agonía.

Pero que, durante décadas, mediante sus grupos de poder fácticos, esta elite criminal utilizo la pobreza, la miseria y la violencia, como forma de control social, oscureciendo, de una manera atroz, la historia mexiquense. Porque por alguna razón, los priistas han creído que, por hacer su rascuache trabajo, tienen permitido robar, saquear las arcas públicas y estar encima del estado de derecho.

El investigador mexicano Francisco Cruz Jiménez, en su obra "Tierra Narca", explica detalladamente y por medio de investigaciones exhaustivas, las causas y consecuencias de la expansión de la delincuencia organizada en el Estado Mexiquense (Jiménez, 2011). El autor aborda cómo es que la maquinaria de facto del grupo Atlacomulco, sigue operando a pesar de haber perdido el Poder Ejecutivo Estatal. Gracias a ellos, en el Estado Mexiquense, se concentran todos los cárteles de la droga: la Familia Michoacana, el Cártel Jalisco Nueva Generación, el Cártel de Sinaloa, el del Golfo, el de los Beltrán Leiva y demás células delictivas menores. Estos grupos fácticos actúan en sinergia junto con empresas, servidores públicos, así como con cuerpos de choque como La Antorcha Campesina, para aterrorizar, amenazar y extorsionar a los ciudadanos mexiquenses.

El Partido Revolucionario Institucional y la mafia del poder, son aquellos que han institucionalizado la corrupción, la impunidad y el cuatismo, elementos cancerígenos que han destruido el estado de derecho no solo en la entidad mexiquense, sino en todo el país. Es gracias a la desigualdad y abandono por parte del Estado, que generaron la violencia institucional y sistémica de la nación, orillando a la gente a que se dediquen al sicariato y al crimen organizado.

Todo a través de una necropolítica en su máxima expresión, la cual convierte la vida de las personas en moneda de cambio, mediante poderes fácticos y políticos que dictan la forma y momento en que deben vivir y morir los ciudadanos. Achille Mbembe, en su libro "Necropolítica", habla de la industrialización de la muerte y de cómo la vida de muchas personas esta en manos de unos pocos. Las personas nos convertimos en mercancía y la vida pierde su valor (Mbembe, 2011). Con la necropolítica, es la muerte la que se ha convertido en un instrumento de poder que opera sanguinariamente contra determinados colectivos sociales, como medio de control social a partir de la violencia criminal amparada por las instituciones públicas.

Las pervertidas notarías

Los mexiquenses tenemos graves problemas con las notarías públicas, porque su incorrecto e injusto funcionamiento, perjudican severamente los derechos de todas y todos los ciudadanos. La función notarial es tan importante en un estado de derecho, que sin ella no sería posible la paz, la propiedad, ni la convivencia sana. Pero han sido pervertidas por funcionarios perversos que hasta ahora vivieron en la impunidad.

El notario es investido de fe pública por el Estado, por lo que debería brindar seguridad jurídica y certeza en los actos y hechos de los que da fe con plena autonomía en sus decisiones. Los notarios deberían ejercer sus funciones con independencia del poder público y los particulares, teniendo a su cargo el interpretar, redactar y dar forma legal a documentos como una escritura pública (Notariado Mexicano, 2024). Dar fe a un acto jurídico como por ejemplo un contrato; o certificar un hecho jurídico, como una notificación o una fe de hechos. El notario conserva y reproduce los instrumentos jurídicos, brindando así seguridad y tranquilidad a la sociedad a la que sirve. Pero desde hace tiempo, muchos notarios públicos se han pervertido, pues gran parte del notariado mexiquense se convirtió en un servicio elitista, injusto, y sobradas veces delincuencial. Lo anterior se puede analizar desde diferentes dimensiones:

a) El nombramiento de los titulares de las notarías públicas tiene una transparencia prácticamente nula.

b) No existe una regulación o control de las prácticas ilícitas de los notarios.

c) El notariado es susceptible de prestarse a la corrupción, fraude y a venderse a los carteles inmobiliarios, sea mediante enriquecimiento ilícito voluntario o mediante la extorsión del crimen organizado.

d) Prácticas fraudulentas por prestar servicios a empresas factureras fantasmas.

Aún con lo anterior, existen algunas reformas que podrían funcionar de manera efectiva para la regulación de la función notarial mexiquense, las cuales serían las siguientes:

Auditar las cuentas bancarias de las y los notarios llevando a cabo declaraciones patrimoniales continuas. Claro está que también debería aplicarse a todos los funcionarios públicos en todos nos niveles de gobierno.

Prohibir que las notarías se entreguen a familiares y castigar toda clase de nepotismo gubernamental.

En vez de que los notarios sean elegidos de dedo por el ejecutivo, los titulares realizarán exámenes de oposición para ocupar el cargo. Lo mismo sucederá para aquellos notarios auxiliares y suplentes.

Cuando exista un caso de renuncia o cese, el servicio notarial no se detendrá, ya que, con las figuras de auxiliares y suplentes, las y los ciudadanos siempre contarán con un notario para que los procedimientos continúen.

Los notarios deberán aprobar un examen luego de haber sido calificado previamente como aspirante. Esto ocasionaría que los gobernadores, pierdan una prerrogativa que hoy tienen y con la cual han nombrado a un gran número de notarios, los cuales, sin ninguna preparación, ejercen un oficio que requiere de un alto grado de capacitación, licitud, además de una ética profesional sólida para no caer en actos de corrupción.

Las constituciones y leyes orgánicas de las entidades federativas, deberán garantizar que la función notarial sea ejercida por personas profesionales del derecho, previa obtención de la patente, mediante un examen de oposición, y que los notarios sean certificados periódicamente en sus conocimientos para poder continuar desempeñando el cargo.

Lo anterior hace posible fortalecer la práctica notarial, ya que, muchos titulares no cuentan con el perfil y la responsabilidad para ocupar dicho cargo. Lo que hace cuestionable el actuar de los notarios públicos.

Se debe combair también a los cárteles inmobiliarios que destruyen el mercado inmobiliario a través de las notarías públicas, causando fraudes, despojos, estratificación desigual y gentrificación sin medida.

Estas son algunas propuestas necesarias para evitar la discrecionalidad, el nepotismo, la corrupción y la falta de transparencia en la función notarial.

Los infames ayuntamientos municipales

La corrupción y la impunidad son fenómenos que se presentan en todos los niveles de gobierno, pero para erradicarlos, tenemos que comenzar con los ayuntamientos municipales y su infamia de saqueadores del erario público. Las prácticas de opacidad y omisión en la rendición de cuentas de los ayuntamientos, afectan a los intereses de la ciudadanía y el Estado sin que muchas veces nos demos cuenta. Por ello, se propone un sistema estatal de anticorrupción, que regule e investigue a los ayuntamientos municipales cuando sean cometidos actos ilícitos en pleno uso de sus funciones. La coordinación estatal y municipal para la impartición de justicia debe eliminar los privilegios en los ayuntamientos que dan lugar a abusos de autoridad y omisiones por parte de los servidores públicos municipales. Son múltiples las reformas que deben dar por terminado la continuación de franquicias partidarias de familiares y amigos en los municipios mexiquenses. Reformas para regular las funciones y actos ilegales de los regidores y síndicos municipales. Muchos son los ayuntamientos que se han corrompido con grupos familiares y políticos cleptómanos que se dedican a saquear los recursos públicos sin castigo. Erradiquémoslo.

Sierra de Guadalupe

El orden jurídico y el ejercicio de la función municipal poseen diversas problemáticas que afectan su efectivo desempeño para atender las necesidades y demandas de sus poblaciones. No solo carecen de suficientes recursos propios, sino que experimentan una notable dependencia política y financiera del orden federal y local.

Es necesario poner sobre la mesa, la idea de reformar el régimen municipal mexiquense a partir de una revisión crítica y objetiva de la institución del ayuntamiento municipal, para evitar actos de corrupción e impunidad. Darle prioridad a propuestas políticas que permitan reformar los mecanismos de elección de los integrantes de los ayuntamientos, así como las reformas para el servicio civil de carrera, y la existencia de un régimen normativo único común a todos los municipios mexicanos, entre otras reformas necesarias.

El correcto funcionamiento de los ayuntamientos municipales permitiría incluso una mejora en la seguridad pública. En virtud de que las "soluciones" para combatir la violencia e inseguridad, que han propuesto las últimas 4 administraciones federales, responden solo a acciones centralistas y represivas, enviando a las fuerzas federales, llámese Ejército, Marina, Policía Federal o Guardia

Nacional, se propone que, en vez de ocupar estas soluciones centralistas, podría resultar más efectivo y eficiente una visión local de la seguridad, que, en lugar de ser represiva, sea preventiva. Es decir, mediante la prevención situacional, reducir las oportunidades para la comisión de delitos por parte de las personas. De esta manera, se promoverían técnicas de prevención situacional del delito, implicando intervenciones en el ambiente, en el contexto, en las circunstancias y en el entorno, a fin de prevenir que los delitos sean cometidos. Y para esto, el municipio es clave en las estrategias de prevención situacional de cada entidad federative (UNAM, s.f.).

Extorsión, el impuesto criminal

La presión que se ejerce sobre alguien mediante amenazas para obligarlo a actuar de determinada manera y obtener así dinero u otro beneficio, es uno de los delitos que más aquejan a los mexicanos. La extorsión mediante la coerción, el chantaje y la coacción, es el impuesto criminal que muchos mexicanos hemos pagado durante siglos debido a nuestra cultura de la extorsión. La cual se manifiesta nítidamente con los "viene viene" que amenazan la integridad de nuestro vehículo si no damos "pal chesco". Se nota en los limpiaparabrisas que exigen dinero a cambio de un servicio que no solicitamos. La extorsión se da cuando restaurantes o bares exigen una propina que no es obligación dar, pero la solicitan con amenazas de una golpiza. Todo ello evoluciona hasta que la extorsión se materializa en amenazas por derecho de piso a las empresas, o secuestro digital. Una cultura de la extorsión que se terminara cuando aprendamos a decir "¡No!", a aquel que nos quiera vender algo que no queremos. Se terminará la extorsión cuando nos quejemos y denunciemos a los policías que cobren por la protección que deben dar. Las extorsiones existen a causa del vacío del Estado y la omisión sistemática de sus responsabilidades. Muchas veces, a pesar de la denuncia, no hay una respuesta por parte de las autoridades ante las amenazas de un grupo delictivo que atenta contra nuestra vida. Por ello, debemos ejercer nuestro derecho constitucional de poseer armas en casa para nuestra seguridad y legítima defensa. A veces no hay otra opción más que defender nuestra vida, a causa de un peligro inminente.

Como lo que sucedió en el 2023 con la comunidad de Texcapilla, en el municipio de Texcaltitlán al sur del Estado de México, quienes se levantaron en armas contra la Familia Michoacana que les extorsionaba con el "derecho de piso". La población se encontraba bajo amenaza constante del grupo criminal (Tovar, 2023). Hasta que llego el hartazgo y mataron a los criminales en defensa propia, con un resultado de 14 muertos. La fiscalía del Estado de México determino que los pobladores actuaron en legítima defensa, ya que se acreditaron las condiciones fácticas que orillaron a los pobladores a responder a los integrantes del crimen organizado. Pues la repulsa a la agresión cometida en contra de los habitantes del municipio, fue derivada de acciones ilegales e ilegítimas del grupo delincuencial. En virtud de que dichas agresiones fueron reales, actuales e inminentes, se justifica la legitima defensa. Además, de no existir por parte de los pobladores la voluntad de proteger sus bienes jurídicos, era muy probable que los daños fueran aún mayores. Tomando en cuenta además, que fue acreditado el hecho de que los pobladores fueron amenazados y amedrentados por un numeroso grupo delictivo con armas potentes y fueron estos últimos quienes accionaron inicialmente las armas de fuego que portaban. Por lo que la población de Texcaltitlán, al defenderse por sus propios medios, quedo exenta de toda responsabilidad penal, en virtud de que se actualizo la legitima defensa como causa de exclusión penal.

Si ellos pudieron defenderse contra las extorsiones, todos los ciudadanos podemos hacerlo también, en respuesta a la omisión y abandono sistemático de las instituciones públicas.

La extorsión es un fenómeno que también provoca una crisis de la que poco se habla, que es el desplazamiento de comunidades a causa de la violencia. Para esto podemos abordar la publicación periodistica de Verónica Espinosa, Patricia Mayorga y José Gil Olmos, titulado "Desterrados por el narco: El invisible desplazamiento forzado en México" (Verónica Espinosa, 2024), mediante el cual aborda los desplazamientos masivos de personas extorsionadas y aterrorizadas por el crimen organizado. Migración involuntaria ocasionada por las disputas de territorios entre cárteles criminales que se enriquecen a costa de la explotación de recursos naturales, la extorsión y el tráfico de migrantes. Lamentablemente la indolencia gubernamental se hace patente ante la incompetencia de los gobiernos estatales y federales para este peligroso fenómeno del desplazamiento masivo.

Radicalización y sectas destructivas. Los grupos coercitivos

En la búsqueda de pertenencia y significado, muchas personas podemos caer presas de los grupos coercitivos, que son todas aquellas personas que utilizan técnicas de persuasión coercitiva y control para llevar a cabo la manipulación psicológica de una persona o grupo, con un fin preestablecido bajo el uso de un tipo de fuerza que no es percibida por el sujeto. Dichos grupos coercitivos existen al por mayor en el Estado de México (Jefatura de Gabinete de Ministros Argentina, s.f.).

Como ejemplo han existido los Testigos de Jehová; la iglesia de "Pare de Sufrir"; los Mormones; el Templo del Pueblo, fundada por Jim Jones; La Familia de Charles Manson; La Iglesia de Dios; NXIVM de Keith Raniere, etc. Estas organizaciones coercitivas, buscan anular nuestra identidad y someternos a su voluntad. Son capaces de operar bajo el disfraz de una organización religiosa, política, o de couching, utilizando técnicas psicológicas de manipulación para captar adeptos y controlarlos por completo. En este oscuro mundo de coerción y sumisión, los individuos pierden su libertad y se convierten en meros títeres de una siniestra agenda sádica, financiera y maquiavélica.

Coacalco

El Estado Mexiquense debe poner especial atención en dichos grupos coercitivos, que, disfrazados de Iglesias, pasan desapercibidos entre nuestras comunidades sin que veamos claramente su alta peligrosidad, pero que pueden resultar potencialmente destructivos para sus adeptos, debido a sus sutiles e imperceptibles técnicas de persuasión coercitiva, que inhiben la libertad y la autonomía de las personas, obligándolas a someterse ante sus lideres, a aislarse de sus grupos sociales, desinformándolas y haciéndolas dependientes de la organización. Muchas de estas acciones configurar delitos de trata de personas que deben ser investigados. Organizaciones que, por cierto, suelen poseer una estructura financiera compleja, esquemática, capitalista y antidemocrática (Salum, 2024).

Si ignoramos las advertencias podemos vernos en un oscuro mundo de desinformación y maniqueísmo. Las banderas rojas para identificar a estos grupos coercitivos en el Estado de México, consisten en observar si tal o cual religión ofrece soluciones rápidas y mágicas a nuestros problemas, si nos inducen culpas, si nos aíslan de nuestro entorno, de nuestro trabajo, si nos separan de nuestras familias, o si obligan a matrimonios forzados. Estas sectas buscaran adoctrinarnos sin lugar a los cuestionamientos e intentaran quitarnos nuestra identidad. No hay que dejar que entren a nuestras vidas o nos la quitaran.

Hombre de Blanco, Jaltenco

Las masacres colectivas

Los mexiquenses también somos masacre. Nuestra historia lo confirma. Como mexicanos, Ayotzinapa, Tlatelolco y Acteal, son las masacres que más recordamos por las potentes dimensiones que abarcaron, pero existen muchas más. En el Estado de México, además de haber masacre, definida como el asesinato de tres o más personas en un mismo hecho violento; ha habido hallazgos de fosas clandestinas, acciones de trata de personas, tortura, calcinamiento, violencia contra migrantes o asesinato de niñas, niños y adolescents (Deutche Welle, 2023).

Como mexiquenses, tenemos cicatrices que evidencian nuestro atroz y salvaje pasado, sobretodo cuando de terrorismo de Estado se trata. Una de esas cicatrices proviene de La matanza de Tlatlaya el 30 de junio de 2014, en la que 22 civiles fueron asesinados a manos de militares en San Pedro Limón, del municipio mexiquense de Tlatlaya al sur del estado de México.

Masacre de Tlatlaya

Otra cicatriz más viene de la Emboscada de Coatepec Harinas, en Ixtapan de la Sal. En la que un convoy de policías y elementos de la fiscalía estatal fueron atacados a balazos por un grupo criminal, teniendo como resultado 13 personas muertas.

La matanza de San Salvador Atenco, los días 3 y 4 de mayo del 2006, en el municipio de Texcoco y San Salvador Atenco, se propició a partir de un operativo policial orquestado por el gobernador Enrique Peña Nieto, sometiendo las protestas de los habitantes que se manifestaban contra la construcción del Nuevo Aeropuerto de la Ciudad de México. Teniendo lugar detenciones arbitrarias, abuso de la autoridad, uso de la tortura, violaciones sexuales, privación ilegal de la libertad, y demás actos atroces de los que solo son capaces los sociópatas con un cargo público.

Otra cicatriz un poco añeja también, es la del 12 de septiembre de 2008, cuando autoridades del Estado de México hallaron a 24 personas ejecutadas con el tiro de gracia, todas con signos de tortura, en Ocoyoacac, cerca de La Marquesa. Esta es considerada una de las peores matanzas colectivas en el Estado de México, bajo el gobierno del psicópata gobernador Peña Nieto y el infame presidente Felipe Calderón Hinojosa (La Jornada, 2008).

Resulta relevante enumerar las masacres que ocurren en el Estado para evitar la cifra negra. Muchas masacres no son documentadas porque las instituciones públicas son incapaces de registrar la violencia y la delincuencia que ocurre día con día. Pero son más ineficaces cuando se trata del propio Estado como perpetrador de una masacre. Los mexiquenses hemos vivido la represión coercitiva ilegítima por parte del Estado, configurando crímenes sistemáticos de lesa humanidad que dan como resultado el terror impuesto por instituciones públicas quienes supuestamente prometieron proteger a todos los ciudadanos. No es tarde para juzgar penalmente a los autores intelectuales y materiales de las masacres colectivas que han azotado nuestra entidad. No es tarde.

Maltrato y crueldad animal

Uno de los enemigos más peligrosos para los mexiquenses, son las brutales acciones de maltrato y crueldad animal que se practican en nuestra región, sea a través de los usos y costumbres o de manera fortuita. Porque el maltrato animal es un delito que nos afecta a todos como colectivo, incluyendo a los habitantes humanos como a los no humanos. Cuando una persona es capaz de lesionar y/o torturar a un animal por el mero gusto de hacerlo, es completamente capaz de hacerlo con una persona también. Aquel que practica actos crueles y dolorosos hacia los animales con una sonrisa en la cara, podría ser un feminicida o sicario en potencia. El ser violento, sádico, e irracional, que puede disfrutar torturando a un animal, es una persona sin empatía por el dolor, que considera a los otros como inferiores y vulnerables, lo que lo convierte en un potencial asesino y/o violador en serie.

Es lo que sucedió en una carnicería de Tecámac en el 2023, cuando un sujeto arrojo a un perrito llamado Benito, a un cazo de aceite hirviendo donde se suele preparar el chicarrón (Tovar, Jesús Escobar, 2023).

El perrito murió tras horas de agonía, mientras que el agresor fue detenido y sentenciado a unos pocos años de prisión, porque el Código Penal del Estado de México sólo castiga hasta con dos años de prisión a quien lleve un acto tan vil como lo que hizo aquella mierda de ser. El sentenciado, de hecho, se dedicaba a la extorsión por parte de un grupo criminal, pero es que, además, era policía de la Ciudad de México. Lo que nos lleva a pensar, el tipo de personas que tiene la policía entre sus filas, porque precisamente lo que necesita entre sus elementos son a personas así, con una brutalidad insana, con una falta de sensibilidad y una carencia total de humanidad. Es necesario recordar que las personas que cumplen con la santísima trinidad de los asesinos seriales, a saber: la piromanía, el maltrato animal y la enuresis; suelen ser personas sádicas e insensibles al dolor ajeno que alguna vez iniciaron su sadismo con los animales. Por ello es que el castigo, el tratamiento y la rehabilitación del sentenciado por maltrato animal, debe ser efectiva y que no quede impune. Porque si no se cumple su condena, lo que hará es reincidir, haciéndole lo mismo a otros animales y a las personas.

Como mexiquenses necesitamos trabajar en reformar la ley penal para que aquellos que maltraten, abandonen, agredan sexualmente, y/o priven de la vida a las personas no humanas, es decir, a los animales, tengan una penalidad más alta que solo dos años, que tengan por lo menos diez años en su condena. Además, debe reformarse el código penal para que cualquier persona pueda realizar la denuncia y que no sea necesario ser tutor del animal maltratado. De esta manera, habría más posibilidades de que los seres sintientes vivan protegidos de oficio por el Código Penal y por las autoridades (Congreso de la Ciudad de México, s.f.).

Asimismo, tenemos que trabajar en que nuestra entidad federativa, en coordinación con sus municipios, garanticen la esterilización de animales, así como su trato digno y respetuoso en los centros de control animal. Promover clínicas veterinarias públicas que sean capaces de ofrecer esterilización, consulta veterinaria, desparasitación, vacunación y cirugías. Lo anterior es con la finalidad de reducir el abandono animal, fomentar la tenencia responsable, cuidado y protección de los animales, así como el reconocimiento del cuidado y bienestar animal.

Para esto, seguro serviría el Registro Único de Animales de Compañia (RUAC) como lo poseen en la Ciudad de México. Un sistema para identificar a las mascotas y a sus tutores, cuya finalidad es promover la protección, salud y seguridad de los animales, facilitando su localización en casos de robo o extravío, así como su incorporación a la seguridad sanitaria. El RUAC mexiquense no solo sería un documento oficial, sino que sería gratuito y con validez a nivel nacional, el cual tomaría en cuenta a todos los animals de compañia, desde perros y gatos, hasta aves, reptiles, conejos, etc. Cabe destacar que las leyes locales de protección animal deben considerar a los animales como seres sintientes y de compañia. Así como sustituir los conceptos de "sacrificio" por "eutanasia", y "dueños" por "tutores responsables".

Como pequeño paréntesis, hay que decir que la ley de protección animal puede ser discriminatoria e injusta, porque el código penal castiga la violencia contra algunos animales, pero contra otros no. De la ley, quedan exceptuados del maltrato animal, las charreadas, jaripeos, rodeos, lidia de toros, novillos o becerros; peleas de gallos, el adiestramiento de animales; las actividades con fines cinegéticos, de pesca o de rescate. Es decir, algunos animales si pueden ser maltratados, pero otros no. Los mexiquenses, como muchas otras personas también, podemos ser muy contradictorios.

Las atroces bestias mexiquenses

El Estado de México es una entidad que, entre sus maravillosos habitantes, también se encuentran las peores bestias, los autores de la violencia más vil y los crímenes más brutales de la Entidad. Hechos que desentrañan el desquiciante y demencial abismo de las conductas antisociales y psicopáticas que afligen a los mexiquenses.

Vlad tepes, Gilles de Reis, Erzsebet Bathory, Jack el destripador, Andrei Chikatilo, Ed Kemper, son asesinos brutales que sacudieron al mundo, pero en el EdoMex también tenemos los nuestros. Los mexiquenses también hemos temido por estos seres:

- Los Monstruos de Ecatepec.

Alias mediaticos de la pareja de asesinos seriales Patricia Martínez Bernal y Juan Carlos Hernández Bejar, quienes abusaron sexualmente y asesinaron a más de 10 mujeres, con las cuales también practicaron el canibalismo a partir de sus restos. Su modus operandi consisitia en publicar ofertas laborales de trabajo doméstico, para que en la entrevista laboral, las vicitmas fueran agredidas sexualmente y posteriormente privadas de la vida. Han sumado 9 condenas que representan 367 años de prisión, por los delitos de feminicidio y trata de personas por la venta de una bebé a una pareja. Finalmente, fueron detenidos entre las calles de Jardines de Morelos, Ecatepec, el 4 de octubre del 2018 (Cesáreo, s.f.). Y al investigar la casa de los victimarios, encontraron numerosos restos humanos, entre los cuales, habían algunos listos para la cena. Actualmente se encuentran recluidos en el Penal de Chiconautla, Estado de México.

- El Feminicida de Atizapán, Andrés Mendoza Celis,

es el autor material de por lo menos 19 feminicidios cometidos durante 3 décadas. Quien también practicaba el canibalismo y repartía la carne de sus víctimas a sus vecinos convenciéndolos de que era carne de jabalí. En sus sentencias se estipula claramente el dolo en la conducta del sentenciado, pues no tenía impedimento físico, ni mental para conocer las consecuencias de su comportamiento, además de haber actuado de forma premeditada. Existió violencia de género, pues sus víctimas perdieron la vida sólo por el hecho de ser mujeres. Solía cometer sus crímenes en su propia casa ubicada en la calle Margaritas manzana 37, de la colonia Lomas de San Miguel, en Atizapán de Zaragoza, EdoMex (González, s.f.). En este lugar se recolectaron indicios de crímenes, como identificaciones, libretas con nombres de personas, descripciones de las mismas, fotografías, bisutería, bolsos de mujer, calzado y diversos videos en formatos VHS y 9 milímetros, sus trofeos. Y luego de una excavación minuciosa fueron rescatados más de 4 mil 300 restos óseos. Andrés Filomeno, de oficio carnicero, está el día de hoy recluido en el Penal de Tenango del Valle.

• Oscar García Guzmán, el Monstruo de Toluca, asesino de más de tres mujeres, fue sentenciado por feminicidio, homicidio, secuestro, violación, e inhumación ilegal de restos humanos. Con sentencias condenatorias que suman 335 años de prisión, los delitos que le comprobaron fueron cuatro feminicidios, un homicidio, y delitos relacionados con la desparición de personas y una violación sexual (La Jornada, 2023). Oscar García Guzmán fue detenido en el mes de diciembre de 2019 en la Avenida de los Maestros, colonia Casco de Santo Tomás, en la Ciudad de México.

La crisis de violencia particularmente en el Estado Mexiquense, recae en gran medida sobre el oscuro abismo de las conductas antisociales que conforman México (La Octava , 2022). Dicha violencia es resultado de los profundos trastornos mentales y sexuales que tienen determinadas personas y que nunca se trataron. Las altas tasas de feminicidios, violencia sexual, homicidios dolosos, y lesiones graves, suelen germinarse de personas que se han formado con la violencia, que poseen un desarrollo psicosexual insano, deformado, sin tratamiento. Son estos los efectos de la violencia familiar y su transformación en una violenta metamorfosis, pues, los que alguna vez fueron víctimas, se convierten en crueles e inmisericordes victimarios, en multireincidentes, en psicópatas listos para cobrar su venganza, contra un colectivo que no solo les dio la espalda, sino que los agarro por culo y los penetró incesantemente.

Para contrarrestar la desmedida violencia en la que estamos sumidos, debemos entender los ya mencionados elementos más retorcidos de la sociedad mexicana contemporánea.

La psicóloga Feggy Ostrosky, en su libro "La violencia. Qué la genera y qué la previene", 2023, explica que, para prevenir las conductas antisociales de criminales violentos, se puede partir de la comprensión de cómo interactúa el cerebro, el medio ambiente y la genética de las personas violentas (Ostrosky, 2023).

Es verdad que esto le hace falta al Estado Mexiquense, programas para estudiar el perfil neuropsicológico, la personalidad y niveles de psicopatía de los criminales multireincidentes; hace falta crear y regular el Banco de Perfiles Genéticos para uso forense del ADN a nivel estatal y federal, a fin de esclarecer hechos que puedan constituir los delitos de homicidio, lesiones, privación de la libertad personal con fines sexuales, incesto, secuestro, violación, estupro, privación ilegal de la libertad y feminicidio, con la finalidad de lograr la identificación de las personas responsables, los cuales muchas veces son asesinos y violadores en serie (Salas, 2022).

La delincuencia minoril

Desde hace bastante tiempo, en el Estado Mexiquense se han incrementado los casos de jóvenes y adolescentes involucrados en procesos judiciales por la comisión de delitos, según información del Tribunal Superior de Justicia de la entidad (TSJEM, s.f.).

Existen decenas de sentencias a adolescentes en materia de justicia por delitos como robo, daños contra la salud, secuestro y feminicidio. El problema de la delincuencia minoril es de suma importancia para contrarrestar la violencia en el Estado de México.

El abismo de la delincuencia juvenil posee un amplio espectro de fenómenos que podrían explicar su dinámica. Los menores son más propensos a volverse infractores cuando se encuentran en estado de hacinamiento, de exclusión social; al ser huérfanos o cuando son parte de una familia desintegrada, de padres separados; cuando viven la violencia en carne propia y la propagan; cuando las escuelas son omisas al no detener los comportamientos violentos y agresores de los alumnos. La agresividad, insolencia y falta de respeto de los menores, viene de la degradación en los valores colectivos, lo que los predispone a infringir las leyes y hacer daño a los demás. Todo esto, sumado al acceso a las drogas, compone a una persona lábil, agresiva, narcisista y con indiferencia afectiva, preparada para ejercer la violencia a toda costa. Una personalidad deformada con la violencia desde la infancia es particularmente susceptible de cometer conductas antisociales, principalmente por su falta de resistencia a la frustración, su menor capacidad para manejar la agresividad, su escasa aptitud de adaptación. Por lo que terminamos teniendo a un adolescente que se manifiesta mediante muy variadas modalidades de criminalidad juvenil como las pandillas, las barras bravas, los robos con violencia, hasta llegar a la extorsión, a que cometa fraudes, homicidio, secuestro o sicariato. De ahí la relevancia de que cada colectivo social posea una ley nacional del sistema integral de justicia penal para adolescentes. E incluso ordenamientos internacionales como las Reglas de Beijing para la administración de justicia de menores (OHCHR, 1985). Así como las Directrices de Riad para la prevención de delincuencia juvenil (OHCHR, 1990).

Coyote en ayuno, Nezahualcóyotl

Comprender los patrones de muchos jóvenes asesinos en masa que han perpetrado tiroteos alrededor del mundo, es importante para su prevención. Patrones como vivir abuso, tener historial criminal familiar, ser víctimas de acoso escolar, tener acceso a armas o drogas, ser violentado por la propia familia. Uno de los tiroteos más pesados fue el de Crimea en 2018, cuando un alumno de 18 años, entro a un politécnico para matar a 20 personas e hiriendo a 43, antes de privarse de la vida. Incluso utilizo un dispositivo para estallar en el almuerzo, muy planificado. Pero hasta ahora, el tiroteo escolar más brutal ha sido el del Instituto Politécnico de Virginia, Estados Unidos, con una cantidad de 33 muertos y 23 heridos, perpetrado por Seung-Hui Cho, un estudiante surcoreano. Sin dejar atrás por supuesto la masacre de Columbine. De hecho, existe un potente cortometraje titulado "No todo es lo que parece", creado por la organización Sandy Hook Promise formada por las familias de las víctimas del atentado de Connecticut en el 2012 en la escuela primaria Sandy Hook, donde podemos aprender a identificar las señales de la violencia en menores, para tomar medidas en casa, en escuelas y comunidades, con la finalidad de prevenir la violencia juvenil y los tiroteos escolares.

Hay que saber que muchas veces, las causas de la violencia juvenil derivan de las omisiones del cuidado de la familia, de la negligencia escolar, así como de la falta de integración en el colectivo social que permite las vejaciones y maltrato en contra de los "débiles". Siempre hay que denunciar a los agresores, y si es necesario responder con la legítima defensa. Evitar a toda costa la gestación de la violencia en la adolescencia, para tener por fin un entorno escolar y social cohesionado y no a base de la ley del más fuerte.

El asunto de la violencia juvenil no termina con esto, sino que también tiene que ser abordada a la hora de su tratamiento, sobre todo en los centros de internamiento juvenil. Porque en México, estos lugares se han hecho más bien de reclusión y privación, más no de tratamiento y reinserción social. Muchas veces los tutelares juveniles son el lugar donde los psicópatas se vuelven sociópatas. Derivado del bestial modus vivendi de los menores infractores recluidos en dictatoriales reformatorios que, mediante sus inhumanos métodos, lejos de reinsertarlos en la sociedad, los vuelve cada vez más disociales, crueles y violentos. Hay que recordar que apenas hemos pasado del modelo tutelar al garantista, por lo que nos falta mucho por hacer para darle la vuelta al inefectivo sistema de justicia penal para adolescentes.

Lo que se ha visto es que existen buenos resultados con, por ejemplo, los Foyers, esos hogares donde viven una docena de menores infractores bajo vigilancia de trabajadores sociales o parejas jóvenes que están preparados para casos de delincuencia juvenil, y que además están muy bien remunerados. La psicoterapia, el case work, la libertad vigilada, los hogares sustitutos, muchas veces tienen efectos positivos para aquellos adolescentes que han perdido su libertad. Los centros de internamiento para menores infractores necesitan eficaces procedimientos de tratamiento, reinserción, seguimiento y derechos humanos, no brutales golpizas ni tratos crueles, inhumanos o degradantes.

La violencia no surge de la nada, sino que es el resultado de diversos factores y dinámicas que afectan a los jóvenes. Su comportamiento anómalo y antisocial deriva del continuo acoso y bullyng al que pueden llegar a ser sometidos, al abandono y negligencia de sus familias, a la falta de responsabilidad por parte de los profesores, a su ininterrumpida cercanía con medios de masivos de comunicación que los expone a la violencia, así como la carencia de una educación que fomente valores y habilidades sociales positivas. Lo anterior da como resultado una juventud autodestructiva que rinde culto al narcotráfico y a las armas, la cual busca exteriorizar su irrefrenable ira y venganza, sin ser capaces de poner límites a sus decisiones.

Es sumamente importante entender y explicar la conducta disocial y delictiva de los menores infractores. Primero para tratarlos y luego para evitar que se repitan estos hechos en otros jóvenes. Propongo que en las escuelas, desde la educación básica, se otorgue tratamiento psicológico a los alumnos y se les dé seguimiento continuo para detectar factores de riesgo como psicopatía infantil, abuso sexual, violencia o comportamientos disociales. Si lo detectamos a tiempo, podemos evitar que se deteriore la salud mental de los menores y puedan seguir creciendo sanos.

Claramente, los internamientos de menores infractores podrían funcionar mejor, con una normatividad justa, clara y real. Claro que sí es posible alcanzar la reinserción social del joven disocial, si se poseen efectivos procedimientos para el tratamiento de menores infractores. Aquí en México, a unas dos horas y media de aquí, está La Quinta del Bosque, un centro de internamiento para adolescentes donde se encuentran privados de su libertad, pero también bajo tratamiento, chicos y chicas entre 14 y 18 años que son considerados de alta peligrosidad por haber cometido delitos como robo con violencia, lesiones, secuestros, violaciones sexuales y homicidio. Tomar en cuenta que muchos llegan con adicciones por lo que los internos tienen tratamientos clínicos, psicológicos, criminológicos y de grado académico para evaluarlos. El nivel de reincidencia de estos jóvenes es del 5%, es decir, la mayoría salen reinsertados, gracias también a sus programas de actividades físicas de deportes, limpieza, educativo para cursar y obtener su certificado de secundaria y/o preparatoria. Poseen además talleres de carpintería, repostería, costurería, etc. Para que, al salir, sepan hacer algo y no vuelvan a la delincuencia. Uno de los talleres más interesantes es el canino, en el que aprenden a formar lazos afectivos con los animales y adquieren responsabilidades y hábitos al cuidar y entrenar a sus mascotas (Manzanera, 1987).

Los trastornos mentales insanos

La Organización Mundial de la Salud (OMS) define al "trastorno mental" como la alteración clínicamente significativa de la cognición, la regulación de las emociones o el comportamiento de un individuo. Por lo general, va asociado a angustia o discapacidad funcional en otras áreas importantes. También se denominan problemas de salud mental, aunque este último término es más amplio y abarca los trastornos mentales, las discapacidades psicosociales y (otros) estados mentales asociados a una angustia considerable, discapacidad funcional o riesgo de conducta autolesiva (OMS, 2022). Esta nota descriptiva se centra en los trastornos mentales según se describen en la Undécima revisión de la Clasificación Internacional de Enfermedades (CIE-11).

Personas en todo el mundo, no únicamente los mexiquenses, padecemos determinados trastornos mentales que nos afectan de alguna manera en nuestra vida. No obstante, como ha mencionado Francisco Martínez León, académico de la Facultad de Psicología de la UNAM, muchas personas creen que ir al psicólogo es sólo para los locos. Pero en realidad, todas las personas deberíamos tener un tratamiento para nuestros trastornos mentales, creamos que estamos locos o no (Gaceta UNAM, s.f.).

Entre los trastornos mentales que afectan más a nuestra población se encuentran los trastornos de la ansiedad, la depresión, el trastorno bipolar, el trastorno de estrés postraumático, la esquizofrenia, los trastornos alimenticios, del comportamiento disruptivo y disocial, trastornos del neurodesarrollo, y demás trastornos como los de la sexualidad.

Immex II, Tultitlán

Por ello es que resulta imprescindible el autocuidado y atendernos a través de especialistas en salud mental, sin esperar que el gobierno nos atienda. Tomando en cuenta que un 25 por ciento de las personas entre 18 y 65 años de edad, presenta algún problema de salud mental, y solo tres por ciento busca atención médica, así lo señaló el doctor Marcelo Valencia, Investigador en Ciencias Médicas del Instituto Nacional de Psiquiatría Ramón de la Fuente (Valencia).

Saber que el sistema de salud mexiquense no es capaz de responder de manera efectiva a las necesidades de las personas que padecen trastornos mentales y que, a su vez, carecen de los recursos necesarios para su tratamiento. Sumado a ello, están los factores individuales, familiares, colectivos y estructurales que socavan profundamente la salud mental. Aunque la mayoría de las personas son resilientes, quienes están expuestos a circunstancias adversas, como la pobreza, la violencia, la discapacidad y la desigualdad, corren un mayor riesgo.

No resulta ser poca cosa fomentar la consciencia de la salud mental, ya que la mayoría no hemos sido conscientes de ella durante mucho tiempo. Sin embargo, es de vital importancia que, como ciudadanía, integremos sistemas nacionales de salud que briden tratamiento psicológico ante los diferentes trastornos mentales que pueden ocasionar que una persona haga daño a otros o se haga daño a sí mismo (IMSS, 2019).

Cabe destacar las oportunas investigaciones de la Dra Gabriela Alethia Brunner Mendoza, del Instituto de Neurobiología de la UNAM, quien ha presentado diversos estudios acerca de los tratamientos modernos para la depresión y el trastorno obsesivo compulsivo, como los tratamientos farmacológicos, los neuromodulatorios y las terapias cognitivo-conductuales, así como la identificación oportuna, prevención de adicciones, depresión y ansiedad, y otros trastornos mentales tratables (Instituto de Neurobiología de la UNAM, 2024).

Fes Aragón, UNAM

El mundo digital y la crisis de la democracia

En el actual tejido de la realidad y la virtualidad, emerge un mundo donde la línea entre lo tangible y lo digital se desdibuja. Un nuevo mundo donde la revolución parece elusiva, la desigualdad se magnifica, y la información se convierte en el totalitario monarca indiscutible. Como mexiquenses, como mexicanos, y como humanos, estamos en un peligro constante ante el omnipresente poder de la infocracia, del cual no parece fácil escapar.

Lago del Valle de Bravo

El filósofo surcoreano Byung Chul-Han, aborda esta cuestión en su obra "Infocracia, la digitalización y crisis de la democracia", donde explica que, en el régimen de la información, es decir, en el dataísmo, la infocracia se revela como el nuevo orden, donde la información no solo es poder, sino también el arquitecto de realidades. La transición de la era de las "cosas" a la era de las "no cosas" se manifiesta en la obsesión por lo digital, donde la realidad tangible se desvanece en la prominencia de avatares y simulaciones. La prisión es digital, es transparente. Las personas mismas se colocan los grilletes al comunicar y producir información, mientras el big data y las inteligencias artificiales dan a este régimen de la información, las condiciones para influir en nuestro comportamiento por debajo del umbral de la conciencia. El smathphone y demás aplicaciones inteligentes, almacenan registros psicométricos que alimentamos cada minuto, la psicometría y la psicopolítica intervienen en los comportamientos electorales y de consumo, para evitar las decisiones conscientes provocando trastornos graves en los procesos democráticos, y más allá, en nuestro propio comportamiento del día a día (Chul-Han, 2022).

Es algo de lo que ya nos había advertido el analista geopolítico Alfredo Jalife Rahme, en su libro "La invisible cárcel cibernética. Google/Apple/Facebook/Amazon/Twitter – GAFAT", mediante el cual nos exhorta a escapar de la prisión digital que nos ha impuesto nuestros vecinos del norte con sus tecnologías (Rahme, 2019).

En un universo donde la realidad virtual es la norma, necesitamos de la resistencia, de rebelarnos en contra de una existencia donde la información gobierna y las cosas se desvanecen. Chul-Han nos susurra desde sus páginas, una advertencia sobre la transición irreversible hacia un mundo donde las No-cosas nos dominan. En este reino de bits y avatares, la desigualdad crece exponencialmente y la posibilidad de una revolución se desvanece, porque la resistencia misma ha quedado atrapada en las cadenas de la infocracia.

Bajo esta tesitura, toma amplia relevancia el legado

histórico del presidente mexicano Andrés Manuel López Obrador, quien ha hecho un llamado a la ciudadanía para defender la democracia, un llamado para no quedarse callados. Ha exhortado a que nos pongamos de pie para escapar del totalitarismo, incluyendo el autoritarismo digital de la infocracia,

Para AMLO, no es un viaje fácil el que hay que recorrer, pues para generar cambios políticos, sociales y generacionales, hay que recorrer extenuantes caminos de resistencias, fatigas, y peligros. Pero con suficiente voluntad colectiva, es posible transformar la vida pública nacional (Obrador, ¡Gracias!, 2024).

CAPÍTULO V
EL DEVENIR MEXIQUENSE

El Estado Mexiquense se revela como un microcosmos de voluntades, contradicciones y contrastes, donde la fuerza de su gente y la riqueza de su tierra se entrelazan en una danza perpetua entre la esperanza y el desafío. En este territorio en constante ebullición, el llamado a la acción resuena estridentemente, exhortando a proteger y preservar no solo sus recursos naturales y su patrimonio cultural, sino también el derecho fundamental de cada mexiquense a una vida digna y segura. En la encrucijada del presente, el destino del Estado Mexiquense yace en las manos de quienes lo habitan, quienes, con valentía y determinación, forjarán el camino hacia un futuro más prospero y justo.

Ser mexiquense es vivir entre el complejo tejido de luces y sombras que acontecen, cuya alma se revela como una sinfonía única e inefable. Aquí, donde la tierra y el agua susurran historias milenarias y las ciudades modernas palpitan con su vibrante pulso, se encuentra la verdadera esencia de ser mexiquense.

Trabajar con impavidez y solidaridad ante las adversidades, es una cualidad identitaria vital que ocupamos los mexicanos para plantarle cara a los desafíos. La unión de nuestro pueblo no solo se fundamenta en nuestros valores y acciones como pilares inquebrantables, sino también lo hace en la voluntad de poder, el amor, y respeto mutuo que todos nos tenemos.

Impulsar logros históricos, profundos y fundamentales es parte de nuestro proyecto en el camino al cambio generacional y al desarrollo compartido. Pese a las vicisitudes, siempre tenemos que avanzar con determinación en el esfuerzo por cumplir objetivos nuevos, longevos y colectivos. Confiar en nuestra historia, tener el coraje para luchar y el temple para ganar.

El Estado de México no solo trabaja por su propio crecimiento, sino que también entrega al mundo parte de sí. Su autofortalecimiento se da mediante la unidad de sus componentes y la superación de obstáculos, que le permiten consolidar un progreso estable, duradero y equilibrado, generando ambientes sociales cálidos y armoniosos, espacios inclusivos y dinámicos. Conservando en todo momento los derechos a la libertad, identidad y diversidad sexual, así como al libre desarrollo de la personalidad.

La vitalidad del mexiquense se da gracias a sus logros colectivos, a qué avanza y forja un futuro compartido en aras de la libertad, la igualdad, el beneficio mutuo y el bienestar de todos los pueblos.

La entidad mexiquense se revigoriza continuamente en su lucha contra la violencia, la ignorancia y la impunidad. Cómo dice Andrés Manuel López Obrador: "Nada por la fuerza, todo por la razón".

En medio de los contrastes, la resiliencia y la esperanza, se alzan como faros que iluminan un oscuro camino hacia un futuro donde esta dualidad se entrelaza en un abrazo eterno. Ser mexiquense no es solo pertenecer a una entidad federativa, es apapachar el legado de sus luces y sombras, llevando consigo la promesa de un mañana transformado por la lealtad a la patria, la unión y la fuerza de un pueblo arraigado en su identidad con todas y cada una de sus cicatrices.

Nuestra lucha por la liberación y justicia humana es incansable. Estamos dispuestos a confrontar cualquiera de las dificultades coyunturales que vengan, mientras luchemos por la prosperidad y fortaleza de nuestras comunidades, mientras peleemos por seguir siendo un Estado libre y soberano. Nuestro destino lo forjamos todos los mexiquenses, mediante la creación de oportunidades y el impulso mancomunado en la construcción de nuestras comunidades futuras.

Nuestro poder colectivo busca generar las condiciones y circunstancias necesarias, para que los mexiquenses, al igual que sus invitados, sean felices. Para que puedan hacer valer sus potenciales y cumplir sus sueños. Para hacer un mundo más hermoso, promoviendo y potencializando las extraordinarias causas y los grandes anhelos.

FUENTES DE REFERENCIA

Armesilla, S. (2024). *La VERDAD sobre CHINA - ¿Capitalista o Socialista?* Obtenido de https://www.youtube.com/watch?v=tY9A9uUI2eQ

Cesáreo, J. S. (s.f.). *La jornada.* Obtenido de Dan novena sentencia a "monstruos" de Ecatepec por feminicidio: https://www.jornada.com.mx/noticia/2020/03/13/estados/dan-novena-sentencia-a-201cmonstruos201d-de-ecatepec-por-feminicidio-3924

CGTN ESPAÑOL. (2024). *Nueva productividad cualitativa rompe el modo tradicional de crecimiento económico.* Obtenido de https://www.youtube.com/watch?v=w-FBGUoI6DU

Chul-Han, B. (2022). *Infocracia, la digitalización y crisis de la democracia.* .

Congreso de la Ciudad de México. (s.f.). Obtenido de https://congresocdmx.gob.mx/comsoc-aprueban-reforma-que-maltrato-animal-sea-perseguido-oficio-4649-1.html

Consejo Estatal Mexiquense. (s.f.). *Población indígena en el Estado de México.* Toluca.

Deutche Welle. (2023). Obtenido de
https://www.dw.com/es/en-m%C3%A9xico-hubo-
427-masacres-en-2023-denuncia-ong-causa-en-
com%C3%BAn/a-67772311 . Deutche Welle
19/12/2023

El Universal. (Marzo de 2024). *Crean guardia civil para
combatir tala en el bosque*. Obtenido de
https://www.youtube.com/watch?v=VPanSyzCaBs

Feria Internacional de la Pirotecnia. (2024). Obtenido de
https://feriainternacionaldelapirotecnia.gob.mx/

Ferrocarriles Suburbanos. (2024). Obtenido de
https://fsuburbanos.com/

Gaceta UNAM. (s.f.). Obtenido de
https://www.gaceta.unam.mx/la-importancia-de-la-
salud-mental/

González, S. C. (s.f.). *La jornada*. Obtenido de Dan cárcel
vitalicia a feminicida de Atizapán, por una de sus
víctimas:
https://www.jornada.com.mx/notas/2022/03/18/e
stados/dan-carcel-vitalicia-a-feminicida-de-
atizapan-por-una-de-sus-victimas/

IATA. (s.f.). *Asociación Internacional de Transporte Aéreo*.
Obtenido de
https://www.iata.org/contentassets/13ded19fca56
497cab09bc4a467a0787/informe-impacto-
economico-naicm.pdf

IMSS. (2019). *INSTITUTO MEXICANO DEL SEGURO SOCIAL* . Obtenido de http://www.imss.gob.mx/prensa/archivo/201910/ComunicadoConjunto

INEGI. (2024). Obtenido de Usos del Agua : https://cuentame.inegi.org.mx/territorio/agua/usos.aspx?tema=T#:~:text=En%20M%C3%A9xico%2C%2076%20%25%20del%20agua,Pie%20chart%20with%204%20slices.&text=End%20of%20interactive%20chart.

Instituto de Neurobiología de la UNAM. (2024). *Tratamientos Modernos para Depresión y Trastorno Obsesivo Compulsivo. Gabriela Alethia Brunner Mendoza*. Obtenido de https://www.youtube.com/watch?v=jrnMW8sGgl0

Jefatura de Gabinete de Ministros Argentina. (s.f.). *Comité Ejecutivo para la Lucha contra la Trata y Explotación de Personas y para la Protección y Asistencia a las Víctimas*. Obtenido de https://www.argentina.gob.ar/sites/default/files/2017/05/folleto_trata_org_coercitivas_4.pdf

Jiménez, F. C. (2011). *Tierra Narca.*

La Jornada. (2008). Obtenido de https://www.jornada.com.mx/2008/09/13/index.php?section=politica&article=005n1pol

La Jornada. (2023). *La jornada* . Obtenido de Monstruo de

Toluca» suma 335 años de prisión: https://lajornadaestadodemexico.com/monstruo-de-toluca-suma-335-anos-de-prision-por-delitos-de-feminicidio-homicidio-desaparicion-y-violacion/

La Octava . (2022). *ASESINOS SERIALES en MÉXICO: LOS MEDIOS los 'GLORIFICAN' y LOS RIESGOS SON LATENTES*. Obtenido de https://www.youtube.com/watch?v=6py3dm7fXqs

Manzanera, L. R. (1987). *Criminalidad de Menores.* México.

Mbembe, A. (2011). *Necropolítica.*

Milenio Noticias. (s.f.). *Número de pasajeros que transporta el mexibus* . Obtenido de https://www.milenio.com/sociedad/numero-de-pasajeros-que-transporta-el-mexibus-al-ano

Notariado Mexicano. (2024). Obtenido de https://www.notariadomexicano.org.mx/

Obrador, A. M. (2024). *¡Gracias!*

Obrador, A. M. (2024). *óvenes Construyendo el Futuro supera meta al incorporar a 2.8 millones de beneficiarios*. Obtenido de https://www.youtube.com/watch?v=7k3Qb806pbk

OHCHR. (1985). *Naciones Unidas Derechos Humanos* . Obtenido de https://www.ohchr.org/es/instruments-mechanisms/instruments/united-nations-standardminimum-rules-administration-juvenile

OHCHR. (1990). *Organización de las Naciones Unidas Derecho Humanos*. Obtenido de https://www.ohchr.org/es/instruments-mechanisms/instruments/united-nations-guidelines-prevention-juvenile-delinquency-riyadh

OMS. (2022). *ORGANIZACIÓN MUNDIAL DE LA SALUD*. Obtenido de https://www.who.int/es/news-room/fact-sheets/detail/mental-health-strengthening-our-response/?gad_source=1&gclid=EAIaIQobChMImN DPmPT7hAMVvhWtBh1ergBBEAAYASAAEgKL2vD_B wE

Ostrosky, F. (2023). *La violencia. Qué la genera y qué la previene.*

Rahme, A. J. (2019). *La invicible cárcel cibernética.*

Salas, R. (2022). *Violencia, Criminalidad e Impunidad. Tratado sobre sus dimensiones criminojurídicas en el Estado de México.* Estado de México.

Salum, P. (2024). *Ley Antisectas* . Obtenido de https://leyantisectas.com/

Secretaría de Movilidad EdoMex. (2024). *Sistema de Transporte Masivo y Teleférico*. Obtenido de https://sitramytem.edomex.gob.mx/mexicable

Secretaría del Desarrollo Económico. (2024). *Fideicomiso*

para el Desarrollo de Parques y Zonas Industriales en el Estado de México. Obtenido de https://fidepar.edomex.gob.mx/desarrollos_industriales

Servicio Sismológico Nacional. (2024). Obtenido de http://www.ssn.unam.mx/

Tecnológico Nacional de México. (2023). Obtenido de Escasez de agua, la recarga artificial de mantos freáticos, una alternativa ante la crisis hídrica: https://www.youtube.com/watch?v=2FVeZiMey-k

Tovar, J. E. (2023). *SE HARTA LA POBLACIÓN; ENFRENTA A LA FAMILIA MICHOACANA EN TEXCAPILLA ; 14 MUERTOS*. Obtenido de https://www.youtube.com/watch?v=CiMjfZO8ets

Tovar, Jesús Escobar. (2023). *Maltrato animal evidencia violencia criminal en el Estado de México*. Obtenido de https://www.youtube.com/watch?v=HrWsSsPnJTI

Trueba, C. C. (2009). *El racismo en México.*

TSJEM. (s.f.). *Tribunal Superior de Justicia del Estado de México*. Obtenido de https://comisionadolescentes.edomex.gob.mx/judicial-edomex

TV UNAM. (2021). Obtenido de México racista. Discriminación y desigualdad social:

https://www.youtube.com/watch?v=2fjczD2yAaQ

UNAM. (s.f.). *Archivos Jurídicas UNAM*. Obtenido de
https://archivos.juridicas.unam.mx/www/bjv/libros
/14/6839/6.pdf

UNAM. (s.f.). *Gaceta UNAM*. Obtenido de
https://www.gaceta.unam.mx/especial-agua-crisis/

Valencia, M. (s.f.). *Remisión y recuperación funcional en
depresión, trastorno bipolar y esquizofrenia.*

Verónica Espinosa, P. M. (2024). *Proceso*. Obtenido de
Desterrados por el narco: El invisible
desplazamiento forzado en México:
https://www.proceso.com.mx/nacional/2024/4/2/d
esterrados-por-el-narco-el-invisible-
desplazamiento-forzado-en-mexico-326519.html

NOTAS:

Esta obra se termino de imprimir en julio de 2024
por medio de Amazon.

www.ingramcontent.com/pod-product-compliance
Lightning Source LLC
Chambersburg PA
CBHW061056250726
48653CB00001B/423